Marlis Jahnke
Der Weg zum Popstar

Marlis Jahnke

Der Weg zum Popstar

Vom Demoband bis in die Top 10

Das Handbuch für
Musiker
Bands
Produzenten

SCHOTT

Mainz · London · New York · Paris · Tokyo · Toronto

Für Tom

Bestell-Nr.: SPL 1031

© 1998 Schott Musik International,
Mainz
ISBN 3-7957-5123-3
Cover: Stefanie Harjes
        Rupert Lehmann
Illustrationen: Stefanie Harjes
Printed in Germany · BSS 49 241

In Kooperation mit:

Inhalt

Teil 1

Wie kommt die Musik auf die CD?

Teil 2

Wie wird ein Hit gemacht?

Teil 1

Wie kommt die Musik auf die CD?

*Badeferdin,
(Berufswunsch: Popstar)
für den ersten
Live-Auftritt
probend

FAZIT VOR DEM BUCH

*M*ontag morgen, 10h. Meeting. Der A&R gähnt und liest den Musikmarkt. Der PM: „Ich muß die VÖ schieben, weil das Paperwork falsch gedruckt wurde." „Toll, dann muß ich ja wohl die ganze Senderreise absagen – deine Playlisten kannste dann vergessen", mault die Promoterin. „Ohne Airplay breaken wir ihn nie, da hilft weder seine Street Credibility noch die N1-Liste", hält der PM dagegen. Die Promoterin kontert: „Naja, die Gimmmicks sind ja auch mäßig, außerdem spielt NRW ja schon". „Ich denke, wir sollten das in einem Extra-Meeting weiterdiskutieren", beschwichtigt der Marketingchef.

Zehn Jahre Tonträgerindustrie reichen!

Klischees und Wahrheit. Höhen und Tiefen. Charterfolge und Flops. Der schnelle Erfolg und der bodenlose Absturz. Goldfeiern und Schadensbegrenzung. Topprioritäten und Alibikonzepte. Ausverkaufte Hallen und abgesagte Konzerte. Millionenvorschuß und verrechenbarer Remix. Echo-Preis und Absagebrief.

Das gern propagierte Motto des Polydor-Geschäftsführers a.D. Götz Kiso „Join Polydor, see the world and get rich" trifft auf mich zwar nicht ganz zu, hat meinen Sprung von der Anstellung bei einem „Major" zur Selbständigkeit aber nicht leichter gemacht.

Mit diesem Buch möchte ich nicht Bilanz ziehen, sondern vielmehr mein Wissen und meine Erfahrung weitergeben an diejenigen, die von oben genannten zehn Jahren träumen.

Außerdem war es mein Wunsch, ein persönliches Fachbuch zu schreiben für alle, die von mir standardisierte Absagebriefe erhielten, aber auch für die, die wissen wollen, wie Hits entstehen oder einfach die Abläufe der Tonträgerindustrie besser kennenlernen wollen.

Trotz der zehn Jahre sind bei mir noch einige Fragen offen geblieben. So zum Beispiel:

- Warum floppen immer die nettesten Künstler?
- Warum lehnt VIVA immer meine Lieblingsvideos ab?
- Warum „irrt" sich der Verbraucher so oft und kauft die „falschen" Platten?
- Wer legt den Maßstab fest, was gute Musik ist?
- Gibt es auch ein Leben nach den Top Ten?

Vielleicht hilft dieses Buch ein Stück weit, die Tonträgerindustrie besser zu verstehen, einen Deal zu bekommen oder sogar Charthöhen zu erklimmen.

Aber wie singt Westernhagen so treffend in seinem Song „Ganz und gar": „Eine Garantie gibt Dir keiner ...".

In diesem Sinne viel Spaß beim Lesen!

MJ

* Girlie-Band, einem jungen Manne nahelegend,
daß er sich verpissen möge

ÜBERBLICK ÜBER DIE TONTRÄGERINDUSTRIE

Das Phänomen Popmusik

Jeder Mensch hat, wenn auch individuell völlig unterschiedlich, irgendeinen Bezug zu Musik. Der eine liest begeistert jede Woche die *Bravo*, um sich über seine Lieblingspopstars zu informieren, den anderen nervt das Hintergrundgedudel im Supermarkt. Der eine fragt sich, warum gerade die Backstreet Boys erfolgreich sind und er sie ständig im Radio hören „muß", der andere kauft sich alle aktuellen Scheiben.

Das Phänomen Popmusik erreicht jeden. Die permanente Konfrontation mit Musik fängt im Fahrstuhl an, geht zu Hause am CD-Regal weiter und hört nicht auf. Einige Abläufe und Mechanismen der Popmusik „funktionieren" logisch und sollen in diesem Buch verdeutlicht werden. Einige Trends, Erfolge und Mißerfolge bleiben auch für Branchenkenner unberechenbar. Hypes, Trends und Modeerscheinungen entwickeln nicht selten eine unkalkulierbare Eigendynamik, wenn sie ins Rollen kommen.

Bevor es mit Praxistips und Anekdoten aus der Musikindustrie richtig losgeht, hier zunächst einige Fakten, um den Hintergrund dieser schillernden Branche besser verstehen zu können:

Die Verbraucher-Analyse 1997 des Instituts der deutschen Wirtschaft (In: *Die Welt* vom 24.10.97) belegt, daß bundesweit Musikhören die beliebteste Freizeitaktivität ist. Das sagten 42 Prozent der Befragten in Deutschlands Westen und 39 Prozent im Osten. Trotz anderer Informationskanäle (Rundfunk, TV, Konzerte) und neuer medialer Freizeitangebote (Internet, Video, Computer-Games) ist diese Lust Basis genug für das Massenmedium Tonträger. So gilt immer noch der Daumenwert, daß Menschen in Deutschland ein Fünftel ihrer „Medienausgaben" für den Kauf von Tonträgern verwenden.

Flaute bei den Quoten

Die nachstehenden Zahlen und Statistiken stammen aus folgenden Quellen: Vom Bundesverband der Phonographischen Wirtschaft e.V. aus Hamburg, dessen Mitgliedsfirmen ca. 85 Prozent des Musikmarkts ausmachen, und von der Gesellschaft für Konsumforschung (GfK). Diese ist eine Forschungsgemeinschaft für Marketing aus Nürnberg, die im Auftrag obigen Bundesverbandes Verbraucher-Panels erhebt. Da gibt es also auserwählte repräsentative 10 000 Menschen, die regelmäßig Tagebuch darüber führen, was sie wo und warum gekauft haben.

Der Musikmarkt ist ein weltweit hart umkämpftes Segment der Medien- oder Entertainmentindustrie. Der größte Teil des Kuchens des weltweit auf 60 Milliarden DM bezifferten Markts in Sachen Musik geht an Europa (knapp 40 Milliarden DM Umsatz); bei den Einzelmärkten liegen nach wie vor die USA vorn, gefolgt von Japan und Deutschland. Diese drei Nationen machen mehr als die Hälfte des Welthandelsumsatzes aus. Wem bei dieser Aufzählung Großbritannien, das Heimatland der Popmusik, fehlt, der sei auf Platz vier verwiesen. Ohne Frage kommen von dort bis heute die entscheidenden musikalischen Einflüsse, Trends und immer wieder neue Weltklasse-Künstler.

Die Zeiten hoher Wachstumsraten sind vorbei; seit 1993 stagniert der Umsatz des Musikmarkts in Deutschland auf einem Niveau von knapp sechs Milliarden DM Jahresumsatz (Basis sind die Endverbraucherpreise). Ob das Niveau gehalten werden kann, mag niemand prognostizieren. So stehen in über 60 Prozent der deutschen Haushalte CD-Spieler – die Zeiten der „Ersteindeckung" mit CDs sind damit längst vorüber, und der Umsatzschub, der durch die Wiedervereinigung ausgelöst wurde, ist auch abgeebbt.

Die Situation ist allen Branchen-Managern bewußt, und nicht ohne Grund taufen sich die Tonträgerfirmen in Entertainmentkonzerne um und diversifizieren munter, indem sie sich an TV-Sendern (z.B. VIVA) beteiligen und Filmfirmen (z.B. Polygram Filmed Entertainment) gründen. Studien werden in Auftrag gegeben, die erforschen sollen, wen man wo zum Tonträgerkauf animieren kann. Neue Distributionskanäle und alternative Verkaufs-Outlets werden diskutiert. Diskussion hin, Diskussion her – Fakt ist, daß durch das Internet und neue Technologien wie das digitale Radio die Existenz des Tonträgers, so wie wir ihn heute kennen, bedroht ist.

Nicht mal auf die Kaufgewohnheiten kann man sich noch verlassen

Die Statistiker unterteilen die Endkonsumenten je nach Kaufverhalten in verschiedene Gruppen. So gibt es die sogenannten „Intensivkäufer", die 20 und mehr Tonträger im Jahr kaufen. Diese werden besonders argwöhnisch beobachtet, da sie zu einer stark rückläufigen Spezies Mensch gehören. So wurden 1997 nur noch 3,3 Prozent der Käufer als Intensivkäufer ermittelt. Der Trend geht deutlich zum „sporadischen Käufer", der sich mit bis zu zehn Käufen pro Jahr zufrieden gibt. Mit 62 Prozent Anteil entspricht das dem der großen Masse der Endkonsumenten.

Eine weitere Entwicklung zeichnet sich ab: Die Altersstruktur der Tonträgerkäufer ändert sich, nicht zuletzt aufgrund demographischer Verschiebungen. Zwar wird auch heute noch gut 40 Prozent des Umsatzes mit Endkonsumenten im Alter von 10-29 Jahren gemacht, aber die Dreißigjährigen holen auf! Trotz geringerer Reichweite kann man ihnen bereits fast ein Drittel des Umsatzes zuschreiben. Rock'n'Roll ist eben nicht mehr ein Monopol der Jugend.

Mit 10,6 Millionen Bundesbürgern dominiert laut Tonträger-Typologie der GfK die Gruppe der sogenannten „Trendies". Diese Käufer machen 17 Prozent des Marktes aus, stellen hohe Qualitätsansprüche und wollen mit dem Kauf von Tonträgern vor allem ihren Status dokumentieren.

Viel beachtet und Auslöser diverser Marketingaktivitäten war die Analyse „Motivation von Nichtkäufern im Tonträgermarkt". Diese sogenannte „Sleeper-Analyse" stellte in erschreckendem Maße dar, wie schwer ein großer Bevölkerungsteil zum Kauf eines Tonträgers zu bewegen ist. So kauft knapp die Hälfte der Bevölkerung überhaupt keine Tonträger. Sei es, weil dieser Gruppe die Radioberieselung ausreicht, sei es, weil sie von der Produktvielfalt verwirrt und erschlagen wird, sei es wegen der Schwellenangst vorm Betreten eines großen und unübersichtlichen Schallplattenladens oder, oder. Die Studie löste Diskussionen und weitere Analysen aus und die Ergebnisse wurden mit mehr oder minder großem Erfolg in manche Marketingkampagne eingebaut.

Andrea Bocelli, der blinde Startenor aus Italien, galt als der Prinz, der „Sleeperinnen und Sleeper" im Schlaf wachküßte und zum Kauf animierte. Bocellis Verkaufszahlen beweisen das. Wurden hier Schwellenängste der Endkonsumenten abgebaut, oder war es einfach der tolle Titel (Duett mit Sarah Brightman „Time To Say Goodbye"), das Medienumfeld (Auftritt vor Henry Maskes Abschiedskampf) oder das Charisma des Künstlers?

Heavy Metal meets Volksmusik

Schaut man sich den deutschen Musikmarkt mit seinen knapp sechs Milliarden DM Jahresumsatz an, liegt die Frage nahe, welche Musikrichtung denn dominierend ist. Der deutsche Musikmarkt ist sehr vielschichtig und bietet ein großes musikalisches Spektrum von Marschmusik bis Drum & Bass. Die Analysen basieren auf immerhin 20 000 Produktionen, die in Deutschland jährlich auf den Markt kommen und ihren Weg zum Endkonsumenten suchen.

Wie zu erwarten, liegt der große Bereich Popmusik mit über 40 Prozent Marktanteil ganz vorn. Und das, obwohl die „Unterbereiche" Rock/Hardrock/Heavy Metal mit 10,7 Prozent, Deutschrock mit 5,8 Prozent und das junge, noch immer wachsende Segment Dance mit 13,2 Prozent extra gezählt werden.

Für viele Leute immer wieder überraschend, hat der Klassikbereich nur einen Umsatzanteil von 7,8 Prozent. Ein kleiner Trost für diese mag sein, daß der deutsche Schlager mit 6,8 Prozent noch dahinter liegt.

Der Bereich Volksmusik wird auch gerne überschätzt. So lassen die Einschaltquoten der unendlich vielen Volksmusiksendungen im Fernsehen auch große Tonträgerumsätze vermuten. In Wirklichkeit macht dieses Segment gerade mal drei Prozent aus.

Der Volksmusikfreund scheint keine Tonträger zu kaufen – sicherlich ist er das zukünftige „Opfer" für Maßnahmen, die aufgrund der obig erwähnten „Sleeper-Studie" ergriffen werden. Der Jazzmarkt bleibt klein, mit einem Anteil von 1,2 Prozent noch hinter dem Kinderrepertoire, das immerhin drei Prozent ausmacht.

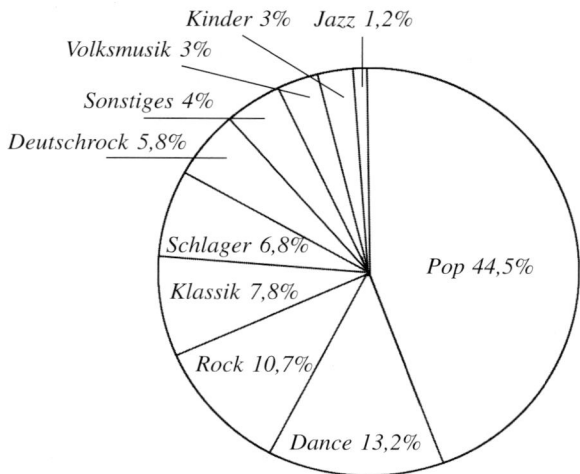

Marktanteile der Musik in Deutschland

Produktflut, aber Vinyl ade

In Deutschland werden jährlich knapp 50 Millionen Singles und 200 Millionen Alben verkauft.

Die Tonträger lassen sich in verschiedene Konfigurationen unterteilen: Die Album-CD hat mit 68 Prozent erwartungsgemäß den größten Marktanteil, mit 19,5 Prozent gefolgt von ihrer kurzen Version, der Maxi-CD. Damit hat die sogenannte Singleauskopplung aus Alben nicht nur die wichtige Promotionfunktion, ein Album „anzuschieben", sondern ist auch relevant für die Umsatzzahlen. Die Musikkassette hat einen Anteil von zwölf Prozent; der Anteil der Tonträger auf Vinyl (LP und Maxi) liegt weit dahinter mit 0,5 Prozent der Veröffentlichungen.

Trotz dieser für die ewig Gestrigen fatalen Vinyl-Zahlen heißt die gute, alte Plattenfirma auch noch heute im Sprachgebrauch Plattenfirma. Auf die Frage „Warum?" erhält man meist die lapidare Antwort: „CDs sind auch platt." Keiner in der Branche mag sich so recht mit dem Ausdruck „Tonträgerfirma" oder gar „Entertainmentkonzern" anfreunden.

Im Rahmen der allgemeinen „Retro-Wellen" wird zwar immer wieder das Aufleben der Vinyl-LP beschworen, allerdings bleibt dies wohl Mailorder-Fans vorbehalten. Inzwischen muß man schon gute Kontakte haben und die Szene zwischen Sonderauflage, Flohmarkt und Importpressungen genau kennen, um an gesuchte Vinyl-LPs zu kommen. Die Hamburger Major Company WEA meinte, dort noch ein Marktsegment zu entdecken und brachte ihre Rock- und Popklassiker wieder auf einer Vinyl-Serie für Sammler heraus.

Die erste Hürde für den „Nostalgiker" liegt schon in der Beschaffung seiner Sammlerstücke, denn in den Verkauf-Outlets steht heutzutage kein Platz mehr für LPs zur Verfügung. Zudem ist die Fertigung der LP nicht nur aufwendiger, sondern heute auch teurer als die CD-Massenproduktion. Lediglich in der Dance-Szene, wo die DJs ihre Maxis als „Arbeitsgrundlage" zum Mixen brauchen, spielen Vinyl-Veröffentlichungen noch eine Rolle.

Kurzer Rückblick für alle Historiker

Ich halte es für wenig hilfreich, hier mit der Erfindung des Grammophons zu beginnen (O.K., für die, die es wissen wollen: Es gelang Emil Berliner 1888 in Washington). Auch die Beatles-Ära, inklusive aller verzweifelten Versuche, die Popmusik historisch zu analysieren, möchte ich auslassen.

Einsteigen sollte man mit der Markteinführung der CD im Jahr 1983. Der „unverwüstliche" Tonträger mit seiner einfachen Handhabung und seinem praktischen Format überzeugte die Endverbraucher. Die Akzeptanz der CD rettete die Musikindustrie über eine weltweite Rezession, die zwischen 1979 und 1984 große Umsatzeinbußen mit sich brachte und durch die aufkommende Konkurrenz weiterer medialer Freizeitangebote und steigender privater Mitschnitte von Musik aus dem Radio ausgelöst worden war. Aber die Musikfreunde ersetzten ihre LPs auch durch CDs, denn sie wollten ihre persönlichen Schätze und Erinnerungen nun auf CD hören. Dadurch stieg insbesondere der Back-Katalog-Umsatz (alte Alben, an denen noch Rechte bestehen) an. Auch die Single verzeichnete in CD-Form wieder Umsatzzuwächse. Damit ist die Single bis heute ein kommerziell und promotionseitig relevantes Medium, um die Marktakzeptanz neuer Künstler zu testen und einen musikalischen Vorlauf für eine Albumveröffentlichung zu gewährleisten.

Einen weiteren Schub bescherte das Jahr 1990. Die „Wiedervereinigung" bedingte einen großen musikalischen Nachholbedarf, der aufgrund der wirtschaftlichen Gegebenheiten vor allem den Umsatz von Niedrigpreis-Produkten stimulierte. Moderne westliche Musik war in der ehemaligen DDR nur schwer zu erwerben, so daß der Wunsch nach „Hits von drüben" groß war.

Doch der Boom ebbte schnell ab, und da wären wir auch schon wieder im Jahre 1993, in dem die Stagnation begann, die bis heute mehr oder weniger anhält. Weder DAT (Digital Audio Tape) noch DCC (Digitale Compact Cassette) oder MD (Minidisc), die Mitte der 90er auf den Markt gebracht wurden, konnten der CD auch nur annähernd den Rang ablaufen.

Wer liefert die Musik?

Fangen wir mit der Frage an, wer die Musik auf die Tonträger bringt: Im Musikmarkt-Branchenhandbuch kann man fast 500 Anbieter unter der Rubrik „Tonträgerfirmen" finden. Die Struktur der musikalischen Angebotsseite ist dabei sehr vielschichtig. Letztendlich kann jeder seine Produktion als Master vervielfältigen lassen und eigene CDs brennen. Dies macht eine Beschränkung auf diejenigen Anbieter notwendig und sinnvoll, die alle Aufgaben der Herstellung und Vermarktung ihrer Tonträger eigenständig übernehmen.

Diese unterteilt man üblicherweise in „Majors" und „Independents", ohne daß diese Abgrenzung klar zu ziehen ist. Die Bezeichnungen sind zwar selbsterklärend, werden aber in den folgenden Kapiteln deutlich gemacht.

Firma	Hauptsitz	Unternehmens-bereiche	Konzern
BMG	München	BMG Ariola München + Hamburg, BMG Ariola Miller + Media, Logic Records (Offenbach), BMG Berlin Musik	Bertelsmann (Deutschland)
EMI Electrola	Köln	EMI Electrola (Köln) Virgin (München) Intercord (Stuttgart)	Thorn EMI (Großbritannien)
Polygram	Hamburg	Karussell Mercury Motor Polydor Polymedia	Seagram (Kanada)
Universal	Hamburg		
Sony	Frankfurt a.M.	Columbia Epic	Sony Corporation (Japan)
Warner	Hamburg	Wea Records East West Records	Time Warner (USA)

Die Major Companies

Die Majors

Die Majors (Kurzform für „major companies") sind Töchter weltweit agierender Konzerne, die alle jeweils über zehn Prozent Marktanteil haben. Da sich die Anteilsreihenfolge und damit die Marktführerschaft immer mal wieder verschiebt, nebenstehend eine alphabetische Liste der Majors. Der Hauptsitz bezieht sich auf das Zentrum der Musikaktivitäten in Deutschland, der Hauptsitz des Gesamtunternehmens steht in Klammern hinter der Konzernzugehörigkeit.

Auf die fünf Majors entfällt insgesamt ungefähr 80% des Gesamtumsatzes. Diese ungeheure Marktmacht läßt vermuten, daß es an den Majors vorbei kaum eine Chance gibt, Erfolge im Musikgeschäft zu feiern. In der Tat wechseln Bands, die einen gewissen Status im Indie-Bereich entwickelt haben, oft zu den Majors – gelockt von hohen Vorschüssen und vermeintlicher Mehrkompetenz.

Die Independents

Trotz der deutlichen Dominanz der international agierenden Konzerne finden kleine, kreative Labels immer wieder eine Marktnische für sich. Da sie unabhängig von internationalen Verknüpfungen und Verpflichtungen arbeiten können, nennt man sie gemeinhin „Indies" (für independent: engl. unabhängig). Unabhängig meint hier aber auch, daß Indies die Chance haben, musikalisch und kulturell zwanglos neue Wege und Trends zu finden und zu schaffen.

Indies haben das Ziel, ursprüngliche, progressive Musik oder alternative Musikstile eigenständig hervorzubringen. Man will neue Formen und Inhalte finden, die in der bestehenden Musikkultur so (noch) nicht da sind. Das heißt nicht, daß nicht große Käuferschichten begeistert werden sollen. Gerne werden die Indies als „Vorschmecker" der Industrie, also der Majors, bezeichnet. Ist der Idealismus und die Leidenschaft für die Musik auch noch so groß, müssen letztendlich auch hier die Zahlen stimmen – kein einfaches Unterfangen, ist die Kapitaldecke doch meistens nicht sehr dick.

Musikalisch stichhaltige Kriterien und Abgrenzungen festzumachen fällt schwer. Die „echte" Indie- bzw. Undergroundszene wurde psychologisch bereits zur Genüge untersucht. Hier kann man immer wieder lesen, daß bei der Undergroundmusik auffällig mehr negative Emotionen als bei kommerzieller Popmusik vorkommen. Wut, Depression und Agression sind wichtige Stilelemente. Die typische Klientel beschäftigt sich auffällig intensiver mit Komposition, Text und Produktion und will sich durch die Musik abgrenzen – gesellschaftlich wie musikalisch.

Die Indies haben meist eine sehr enge Bindung an ihre Künstler und betreuen und organisieren „alles". Das heißt, von der Fotosession über die Produktion im Studio bis zur Organisation von Konzerten liegt von A bis Z alles in einer Hand.

Nur selten bleiben die Künstler beim Indie, wenn sich der große Erfolg einstellt. Denn hier sind irgendwann Expertise, Kapazität und Kontakte, z.B. für die Vermarktung im Ausland, erschöpft. Die Künstler werden von Abwerbungsangeboten der Mitbewerber bombardiert und mit hohen Vorschüssen gelockt, so daß der Wechsel zu einem Major vorprogrammiert ist.

Selbst die Hannoveraner Band Fury In The Slaughterhouse, die dem Indie SPV jahrelang treu war, gab auf der Popkomm 1997 ihren Wechsel zum Major EMI bekannt. Das Ende einer Zusammenarbeit zwischen Erfolgsband und Indie, die gerne als Paradebeispiel zitiert wurde.

Eine komplette Liste der Independents aller Stilrichtungen hier aufzuführen ist nicht sinnvoll und würde ein eigenes Buch füllen. Das Musikmarkt-Branchenhandbuch (siehe Literaturliste) hilft da bei Bedarf weiter.

Viele kleine Schallplattenfirmen sind über den in Hamburg ansässigen VUT, den „Verein Unabhängiger Tonträgerunternehmen", organisiert. Der VUT hält für seine Mitglieder viele sinnvolle Informationen bereit und veranstaltet einmal im Jahr einen Kongreß, bei dem Vorträge zu verschiedenen Problemen und Themen des Musikbusineß stattfinden. Darüber hinaus können die Mitglieder des VUT von den für Tonträgerproduktionen mit der GEMA (Gesellschaft für musikalische Aufführungs- und mechanische Vervielfältigungsrechte; siehe auch Seite 95) ausgehandelten Sondertarifen profitieren.

Das Label

Schließlich sei auch der häufig benutzte Ausdruck „Label" erklärt: Ein Label wird in vielen Industriezweigen als Markenname eingesetzt, mit dem bestimmte Inhalte oder Qualitätsansprüche verbunden werden sollen. Auch in der Musikindustrie versucht man, einem Label eine musikalische Identität zu geben und als qualitatives Markenzeichen einzusetzen, um so potentielle Käufer an sich zu binden. So kann eine Tonträgerfirma mehrere Labels, sozusagen Unterfirmen, besitzen, die für bestimmte Musikrichtungen oder Stile stehen.

Nicht vielen Labels gelingt es, eine Identität zu entwickeln – positive Beispiele sind das Label „VERVE" für Jazz oder das wohl bekannteste hochwertige Klassiklabel „Deutsche Grammophon". Im Idealfall kaufen Kenner und Liebhaber dieser Labels die Neuveröffentlichung „ihres" Labels, obwohl sie den Künstler noch nicht kennen und halten sich über Neuveröffentlichungen auf dem laufenden. Die Künstler orientieren sich bei der Wahl ihres Wunsch-Vertragspartners durchaus nach dem Ruf, den Erfolgen und der Identität eines Labels.

Nicht zuletzt macht ein solcher Ruf auch den Wert eines Labels aus. Dies ist bei den Aufkäufen durch die Majors in den letzten Jahren immer wieder in hohen Dollarbeträgen ausgedrückt worden. Einer der letzten spektakulären Labelaufkäufe war die Übernahme von Pinnacle Records und damit auch 80 Prozent von Rough Trade durch die amerikanische Zomba Music Group Mitte 1996.

Labels sind kein Vorrecht der Major. Jeder kann ein Label gründen, muß aber gewisse behördliche Schritte unternehmen. Jedes Label hat einen individuellen vierstelligen (evt. wird er zukünftig sogar auf fünf Stellen umgestellt) Zahlencode. Diesen kann man bei der GVL in Hamburg beantragen, wenn man entsprechend nachweist, daß man bereits Künstler unter Vertrag hat, Veröffentlichungen plant etc. Der Labelcode ist auf allen Tonträgerveröffentlichungen hinter dem Kürzel „LC" zu finden.

Die große Kunst eines Labels besteht darin, Künstler zu finden und zu produzieren, die das Label „nach vorne bringen". Bei erfolgreicher A&R-Arbeit der Labelmitarbeiter kommt es nicht selten zu Kooperationen zwischen einem Major und einem Label. Dies geschieht in Form von festen Labeldeals oder in Form von First-Option-Deals, was besagt, daß der Major als erster das Recht hat, den Künstler zu übernehmen.

Nicht selten werden komplette Labels von Industriefirmen samt Künstlern und Know-How aufgekauft, um die eigene Artist Roster aufzufüllen. Die Labelstruktur wird auch bei Aufkauf durch einen Major beibehalten. Die Struktur beläßt man ganz bewußt so, damit die Künstler weiterhin ihren überschaubaren Kreis von Ansprechpartnern haben und die Kreativität einer solchen erfolgreichen Kleinstzelle nicht gestört wird.

Heute würde wohl niemand mehr Labels wie z.B. der Mercury eine musikalisch abgrenzbare Identität zuschreiben. Schließlich wurden hier wiederum schon andere Labels mit eigener Identität, z.B. Island Records, unter das Dach der Mercury gestellt. Zudem wurden bei dieser Firma „Unter-Labels" gegründet wie z.B. Kingsize.

Ein ziemliches Label-Wirrwarr, eigentlich nur mit dem Ziel, jedem Konsumenten eine musikalische Identifikationshilfe zu geben.

* semi-euphorische A&R-Frau,
coolem, fellbewestetem
Brit-Pop-Gitarristen
lauschend

Struktur der Tonträgerfirmen

Bierdeckel versus Kostenstellenermittlung

Wie funktioniert nun aber eigentlich eine Tonträger- bzw. Schallplattenfirma? Wie sind die internen Abläufe, und wer ist wofür zuständig? Bei der folgenden Darstellung einer Schallplattenfirma gehe ich von einer Major Company aus. Bei kleinen Firmen liegen die gleichen Aufgabengebiete an, die dann nur auf weniger Abteilungen bzw. Personen aufgeteilt werden. Um die typische Struktur zu verstehen, ist es aber besser, den großen Apparat anzuschauen.

Eine Schallplattenfirma ist wie viele andere Industriefirmen aufgebaut: Administration, Marketing, Vertrieb etc.

In Form eines Organigramms kann man dies wie folgt darstellen:

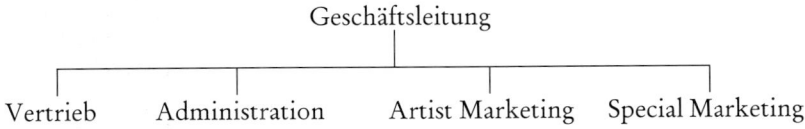

Aufbau einer Schallplattenfirma

Im folgenden beschreibe ich vor allem die Struktur der beiden hier unterteilten Marketingabteilungen, denn die machen das musikalische Herz der Firma aus und weisen die meisten Besonderheiten auf. Auf die speziellen Anforderungen des Vertriebes einer Tonträgerfirma gehe ich später detailliert ein.

Es gibt in Tonträgerunternehmen viele Mitarbeiter, die überhaupt nichts mit Musik zu tun haben. Sie würden Die Ärzte weder im Fahrstuhl noch im Radio erkennen, und die Büros sehen genauso aus wie bei jedem x-beliebigen Unternehmen. Bei der Polygram GmbH arbeiten ca. 600 Menschen (ohne die Arbeiter und Angestellten im Fertigungswerk), von denen nur ca. 100 Mitarbeiter stetigen und direkten Kontakt mit den Künstlern haben.

Die Administration besteht wie in jedem Unternehmen aus Personalabteilung, Buchhaltung, Rechtsabteilung, Kreditabteilung, Hausbetrieb usw. und sorgt dafür, daß das „Schiff Kurs hält" und in betriebswirtschaftlichen Rahmen gehalten wird.

Das ist gar nicht so einfach, denn die Gepflogenheiten und Macken einiger Mitarbeiter bringen auch die Administration mal zum Lachen und mal zum Verzweifeln. Wenn bekritzelte Bierdeckel statt einer Restaurantquittung abgerechnet werden, der gepiercte Disponent aus dem Trendhandel wieder ein verlängertes Zahlungsziel braucht und die verhandelten Vertragseckdaten vom A&R offensichtlich im Dunkeln nach dem Konzert geschrieben wurden, muß man den Weg zwischen Toleranz und Strenge finden.

Ich erinnere mich noch genau an den irritierten Blick meiner Kollegin aus der Buchhaltung, als ich bei ihr die Quittungen aus dem Salambo (Sexclub in Hamburg) zur Abrechnung eingereicht habe, wo wir eine Albumpräsentation von Udo Lindenberg veranstaltet hatten. Ihre einzige Bemerkung war: „Interessant, daß die ihre Leistung auch auf Rechnung erbringen." In der Tat müssen wohl in keiner Branche sonst so viele Ersatzbelege akzeptiert werden – oder kann mir jemand erklären, wie ich an der Würstchenbude neben der Festzeltbühne eine Quittung bekomme?

Die Ursache für dieses liebenswerte Chaos wird meist im Bereich Artist Marketing gesucht. Dieser Bereich wird auch Repertoiregesellschaft genannt, weil hier die Künstler unter Vertrag genommen und vermarktet werden. Wie diese Vermarktung genau funktioniert erläutere ich im nächsten Kapitel. Um den Künstlern das Gefühl zu vermitteln, daß sie mit einer überschaubaren „Masse Mensch" zu tun haben – und nicht mit einem riesigen, anonymen Konzern – untergliedern sich die Repertoiregesellschaften in kleine kreative Zellen. Diese arbeiten als Labels oder Abteilungen mehr oder weniger autark und werden als eigene Profit Center organisiert. Der Künstler hat also nur wenige, dafür hoffentlich kompetente und informierte Ansprechpartner, die als Mittelsmänner für den gesamten Konzern-Apparat fungieren.

Formel 1 und Lufthansa

Der Bereich Special Marketing arbeitet nicht direkt mit Künstlern zusammen, sondern beschäftigt sich mit der sogenannten Zweit- und Drittauswertung der unter Vertrag stehenden Titel. Unter dieser Auswertung versteht man die erneute Veröffentlichung eines Tracks unter einem neuen Motto. Das heißt, mehrere Titel werden neu z.B. zu einem Hitsampler zusammengestellt.

Feine Sache, denn hier verdient sowohl Firma als auch Künstler zusätzlich zu den Singleverkäufen. Da in Standardverträgen die Künstlerlizenz bei Kopplungen normalerweise halbiert wird, ist die Gewinnspanne für die Tonträgerfirma allerdings noch höher. Diese Kopplungen à la „Formel 1", „Bravo Hits" und „Just The Best" werden alle mit einem satten Budget im Fernsehen beworben und erreichen Verkaufszahlen, die in Platinhöhe liegen (500 000 verkaufte Stück). Kein Wunder also, daß die Plätze auf diesen CDs beim Künstler und seinem zuständigen Produkt Manager sehr begehrt sind. Nicht selten wird eine teure Marketingaktion oder eine Videoproduktion für einen Künstler gerechtfertigt, indem man auf Kopplungen des Titels verweist, die zusätzliche Lizenzeinnahmen garantieren. Nur in den wenigsten Fällen wird den Künstlern vertraglich ein Mitspracherecht gewährt, wohin ihre Titel gekoppelt werden. Lediglich über den Zeitpunkt, wann der potentielle Hit für einen Sampler freigeben werden sollte, wird diskutiert. Es könnte schließlich die Gefahr bestehen, daß der Verbraucher statt der Single die Compilation kauft.

Neben den reinen Hitsamplern hat sich auch eine Reihe von Kopplungen mit einem thematischen Motto bestens etablieren können. Diese gelten schon als eigene Marken, z.B. „Kuschelrock" oder „Jazz For Lovers", und erscheinen in regelmäßigen Abständen.

Ferner werden im Bereich Special Marketing Kooperationen mit Markenartiklern eingegangen, für die exklusiv CDs zusammengestellt werden. Diese werden individuell je nach Kunde konzipiert, der sie als Prämie oder zum Wiederverkauf einsetzt. So wünscht sich die Lufthansa zu ihrem Jubiläum eine Promotion-CD für Kunden und Mitarbeiter oder Tschibo möchte eine Weihnachts-CD in sein Sortiment aufnehmen.

Artist Marketing

Alle, die mit den Künstlern zusammenarbeiten, machen den musikalischen Kern einer Plattenfirma aus und gehören zum Bereich „Artist Marketing". Diese Mitarbeiter nennen sich „Marketingmanager", „Promoter" oder „Artist & Repertoire Manager". Der Bereich Artist Marketing wird auch gern als „Repertoirefirma" bezeichnet, und ist ein unabhängiger Bereich, der für das Finden und Vermarkten der musikalischen Ressourcen zuständig ist.

Die interne Organisation dieser plattenfirmen-spezifischen Abteilungen ist immer unterschiedlich, bleibt aber von den Aufgabegebieten identisch.

Die Repertoirefirmen arbeiten als unabhängige Profit Center im Konzerngefüge. Sie sind für den Produktfluß zuständig und müssen die nötigen Hits liefern. Schließlich braucht die Abteilung Special Marketing Erfolgstitel, um attraktive Kopplungen zusammenstellen zu können, bescheren Hits dem Vertrieb einen guten Ruf im Handel und finanzieren die Tonträgerverkäufe den gesamten Administrationsapparat.

Die Aufteilung der Marketingbereiche für nationale und internationale Produktionen wird in vielen Plattenfirmen nicht starr wahrgenommen, basiert aber auf folgender Unterscheidung:

Die nationalen Künstler sind nicht unbedingt deutscher Staatsbürgerschaft, aber haben in jedem Fall in Deutschland den Vertrag abgeschlossen. So gelten die Italienerin Milva wie auch der Engländer Marky Mark als nationale Künstler, weil sie in Deutschland ihren Künstlervertrag unterschrieben haben und hier die Produktion gestartet wird. Für diese „domestic artists" muß der zuständige PM (Produkt Manager) die gesamte Verkaufsstrategie entwickeln: von der Zielgruppenbestimmung und Hüllengestaltung einer CD über die Terminierung und Budgetierung bis zur Gimmick-Auswahl und Plakatierungsaktion.

27

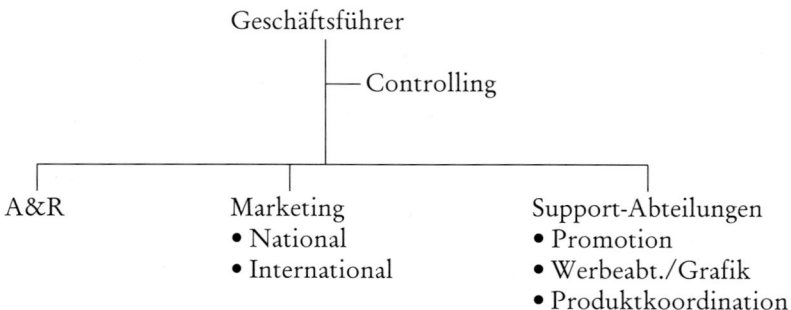

Aufbau einer Repertoirefirma

Die internationalen Künstler haben ihren Vertrag mit einer der im Ausland befindlichen Schwesterfirmen (meist England oder USA) abgeschlossen. Das heißt, der PM bekommt von seinen ausländischen Kollegen ein fertiges Konzept, fertige Corporate Identity, fertige Hüllenfilme etc. komplett auf den Tisch und muß die Kampagne an die speziellen deutschen Gegebenheiten anpassen und hier organisieren.

Ziel jeder Plattenfirma ist es, einen möglichst hohen Umsatzanteil im nationalen Bereich zu haben. Der angestrebte Anteil nationaler Produktionen am Gesamtumsatz liegt bei rund 50 Prozent. Verständlich: Während die Firma bei internationalen Übernahmen einen „override" (firmeninterner Lizenzsatz) an die Schwesterfirma im Ausland zahlen muß, entfällt dieser Betrag bei einer nationalen Produktion.

Nicht zu vergessen, daß auch Produktionen aus deutschen Landen inzwischen gute Chancen haben, international vermarktet zu werden. Denkt man insbesondere an den Bereich Dance, so haben die deutschen Plattenfirmen über deutsche Grenzen hinaus viel Geld mit „domestic repertoire" im Ausland verdient. Eurodance verkauft(e) sich besonders auf dem europäischen Festland, Südamerika und Südostasien extrem gut. Die dem Polygram-Konzern zugehörige Plattenfirma Motor Music z.B. entstand aus den großen Erfolgen, den die Danceabteilung der Polydor im Dance-/Technobereich erzielen konnte.

Im folgenden beschreibe ich die einzelnen Bereiche einer Repertoiregesellschaft näher und beginne mit der Person bzw. Abteilung, die meist den ersten Berührungspunkt für die Musiker darstellt:

Der A&R

Viele Leser haben bestimmt schon Kontakt mit dieser Person, dem Artist & Repertoire Manager gehabt – manche entwickelten eine Haßliebe, andere pflegen ihre vorurteilsbeladenen Vorstellungen, haben eine generelle Aversion oder vielleicht sogar gute Erfahrungen gemacht.

A&R ist die Kurzform für „Artist & Repertoire Manager". Der A&R (von denen es übrigens auch einige weibliche Ausführungen gibt!) ist für das Aufspüren neuer, erfolgsversprechender Talente und Musikstile zuständig. Er muß bereits etablierte oder auch ganz unbekannte Künstler vertraglich neu an die jeweilige Plattenfirma binden und sichert damit den notwendigen Produktzufluß. Der A&R ist also entscheidender Mittelsmann zwischen Label und Musiker und damit auch in der Schlüsselposition für den vom noch Unentdeckten erträumten Plattendeal.

Er ist derjenige, der sich durch Berge von Demokassetten wühlen muß oder sich die Nächte in Konzertsälen bei Newcomerbands um die Ohren schlägt. Dabei steht er im übrigen unter nicht unbeträchtlichem Druck seiner Vorgesetzten, den neuen Hit, den neuen Star zu finden. In der Tat ist die A&R Position ein recht unsicherer Arbeitsplatz, obwohl jeder „die beste Band der Welt" (Originalzitat Die Ärzte) finden möchte.

Jeder schon länger im Job stehende A&R hat seine persönliche, manchmal heimliche „Negativliste". Auf dieser Liste finden sich die Namen jener Künstler, die ihm angeboten wurden, er abgelehnt hat und die bei der Konkurrenz dummerweise erfolgreich wurden. So wurde bei der Polydor die Danceformation E-Rotic abgelehnt. Tja, jeder irrt sich mal, denn die Stuttgarter Intercord griff zu, ließ ein gutes Zeichentrickvideo produzieren, das die Viva-Playlist erreichte, und konnte sich dann über lang anhaltende Charterfolge der Formation erfreuen.

Hat der A&R das richtige „Näschen" und auch die nötige Portion Glück (!) beim Aussuchen neuer Künstler, wird er mit Abwerbungsgesuchen der Konkurrenz bombardiert und ist im eigenen Hause auf dem aufsteigenden Ast der Karriereleiter. So wird aus guten A&Rs immer wieder Führungsnachwuchs rekrutiert, was den „chronischen" A&R-Mangel in der Musikindustrie eher noch verschärft.

Ich ging mit dem Tonband in der Hand zu meiner Plattenfirma, doch die sagten, leider geht das nicht, so ein Song verkauft sich nicht! Es war schwer, doch irgendwie habe ich den Leuten klargemacht, daß dieses Lied sehr wichtig ist. Erst haben sie mich ausgelacht, doch dann sagten sie: „O.K. das Ding wird rausgebracht!"

„Radiosong" aus dem Album „Galaxo Gang" von Udo Lindenberg

Gibt es gute A&Rs?

Gute A&R-Manager denken nicht nur song-orientiert und fahnden nach der „ultimativen Hookline", sondern suchen nach der kommenden Starpersönlichkeit. Sie erkennen das Potential und die Begabung von Künstlern, die es zu fördern gilt. Das Zauberwort heißt hier nicht „umbiegen", sondern „professionalisieren"!

Gut sind sicherlich nicht diejenigen A&Rs, die gegenüber den Musikern arrogant ihre „Macht" heraushängen lassen und immer wieder leere Versprechungen machen oder den Musikern nicht genug Mitspracherecht gewähren. Aber schwarze Schafe gibt es auch unter den A&Rs, und komischerweise ziehen sich die frustriertesten Musiker und die schlechtesten A&Rs magnetisch an.

Gute A&Rs wissen über aktuelle Trends und Strömungen im Musikmarkt Bescheid, spüren das Lebensgefühl bestimmter Zielgruppen genau, „kennen" die Konsumenten, sehen die Marktlücke und hören den einen Hit unter Hunderten Flops heraus. Wer kann schon diesen Anforderungen genügen? Und so streitet auch der erfolgreichste A&R wohl kaum ab, daß das Quentchen Glück eine Rolle spielt. Schließlich ist der Einkauf eines Künstlers der erste Baustein, die Vermarktung aber der zweite, der genau passen muß.

Die Anforderung, daß A&Rs jung und szeneorientiert sein sollten, immer mit dem Ohr am Markt, ist zugegebenermaßen in der Praxis nicht immer wahr. Vielleicht ist dies, trotz aller Unkenrufe über die tauben Ohren der Plattenfirmen, auch nicht zwingend nötig. Denn:

Kontakte, Kontakte, Kontakte

Das wichtigste Kapital eines A&Rs sind seine Kontakte! Dies ist nicht nur eine gern genutzte Ausrede, um auf Firmenkosten zu Branchenparties fliegen zu dürfen, sondern ein Fakt der Kommunikationsbranche. Denn beim Bier an der Bar wurde schon so manche kreative Idee für eine neue Produktion, ein neues Duett oder eine Textzeile geboren. So entstand die Idee, Dancekünstler zusammenzubringen, um eine Benefizsingle namens „Love Message" zu produzieren, nach einer N-Joy-Party bei einer Flasche Rotwein an der Hotelbar. Die Single erreichte mit über 300 000 verkauften Stück locker Goldstatus.

Ein sehr großer Anteil der Neuverträge mit Künstlern kommt über persönliche, bereits bestehende Verbindungen des A&R zustande. Dies soll junge unbekannte Bands nicht entmutigen, den Weg zum Plattendeal einzuschlagen, denn der Kreis ist offen für neue Gesichter und Talente. Und wenn sie erstmal in der Szene bekannt sind, spricht sich Können und Kreativität schnell herum. Und der A&R vertraut auf die Mundpropaganda seiner (inoffiziellen) Talentscouts, die noch näher an der Basis sind als er selbst und ihn mit Tips versorgen. Diese sind oft Produzenten, Musikverleger, Künstlermanager, Konzertveranstalter oder Journalisten, mit denen der A&R bereits zusammengearbeitet hat oder die bereits Erfolge vorweisen können.

Gerade Verleger und Produzenten bieten dem A&R ihre neuen Schützlinge an, unter denen sich der A&R im Idealfall die Perlen aussuchen kann. Nur die wenigsten A&Rs fahnden selbst auf Konzerten und Szeneparties nach neuen Talenten, denn spätestens um zehn Uhr beginnt üblicherweise der Büroalltag mit viel schreibtischfüllender, oft auch administrativer Arbeit. Zudem sollte man davon ausgehen, daß A&Rs durch vielfältige interne Aufgaben chronisch überlastet sind, unter Druck stehen und mit der Auswahl eines neuen Talents erst die „richtige" Arbeit für sie beginnt: Studios buchen, Produzenten suchen, Titel finden, Singleauskopplungen auswählen, etc.

Die zweite Hürde: Die A&R-Runde

Üblicherweise trifft der A&R aus der Flut der eingehenden Angebote eine Vorauswahl der Titel, die nicht sofort in den großen Absagekorb kommen. Diese neuen Titel oder Künstler stellt er in der meist wöchentlich stattfindenden A&R-Runde seinen Kollegen vor. In dieser Runde wird über Titel und Künstler kontrovers diskutiert und eine Empfehlung ausgesprochen.

Steht mal gerade kein A&R-Meeting im Terminkalender und muß die Entscheidung schnell getroffen werden, sieht man schon mal A&Rs von Büro zu Büro laufen, um den Titel bei den Kollegen „zu testen". Nicht zu unterschätzen ist das sonstige Umfeld des A&Rs, der gerne auch den „Hausfrauentest" (oder offiziell: „Konsumententest") unter seinen Freunden und Bekannten auf der Party am Wochenende macht. Im Dancebereich gibt man seinem befreundeten DJ schon mal eine DAT-Kassette, die bei gefüllter Tanzfläche als Test abgespielt wird. Die Entscheidung auf solche wenig repräsentative Tests zu basieren, ist natürlich recht zweifelhaft; die Aussage kann aber zumindest als Argument dienen.

Das letztendliche Ja oder Nein entscheidet, zumindest bei Standard-Deals, der A&R; nicht umsonst gilt der Job als einsam und einzelkämpferisch. Der A&R muß vom Potential und dem Können seines „Babys" überzeugt sein, denn als ersten Schritt muß er seine Kollegen für das neue musikalische Thema motivieren. Über Geschmack läßt sich bekanntlich nicht streiten, objektive Beurteilungsmaßstäbe gibt es kaum, und schon so mancher A&R hat gegen die Meinung anderer einen Titel eingekauft, der zum Hit wurde! Fast entscheidender ist wohl, daß Künstler und A&R „eine Sprache sprechen" und sich über Ziel und musikalischen Weg einig sind.

Zwang zur Kommerzialität?

Der gemeinsame Weg von Künstler und A&R sollte erfolgversprechend, aber nicht zwingend kommerziell sein. Auch wenn man nicht die breite Masse im Sinne von Mainstream anspricht, kann man in seiner Nische erfolgreich sein. So treffen Rammstein sicher nicht iedermanns Geschmack, sind aber extrem erfolgreich. Und das zählt unterm Strich, denn in unserer Gesellschaft wird nun mal jedes Industrieunternehmen (und ein solches ist auch eine Schallplattenfirma) an seinen Umsätzen bzw. Gewinnen gemessen.

An dieser Stelle muß ich die immer wieder angebrachte Kritik vieler Bands aufgreifen, die sich unfreiwillig in eine bestimmte Ecke gedrängt sehen. Diese „Ecke" hat meist mehr mit Vermarktbarkeit als mit Massenkonformität zu tun. Das heißt, die A&Rs suchen nicht danach aus, ob ihnen persönlich ein Titel gefällt, sondern danach, ob dieser Titel auch durch die Medien transportiert wird und damit überhaupt die Chance hat, beim Endkonsumenten gehört zu werden. Ein englischsprachiger Poptitel deutscher Produktion hat es nun mal schwer, sich gegen die Konkurrenz des Auslands durchzusetzen und überhaupt Beachtung bei den Medien zu finden. Genauso wird aber Sitar-Musik mit deutscher Lyrik kaum Podium in Funk und Fernsehen bekommen.

Letztendlich suchen die Tonträgerfirmen nach bestimmten Gesichtspunkten das aus, was ihrer Meinung nach die nötige Unterstützung der Medien bekommt, denn ohne die Medien bekommt der potentielle Käufer die Musik kaum zu Gehör. Die Medien bieten die Öffentlichkeit für einen Künstler oder neuen Titel, die in der heutigen Reizüberflutung nötig ist. Wie entscheidend die Filterwirkung von Funk, TV und Presse ist, müssen besonders Newcomer immer wieder bitter erfahren. Die Problematik der von starren Playlisten geprägten Radiolandschaft wird später detailliert beleuchtet. Fakt ist, daß ein Plattendeal nicht viel wert ist, wenn die Medien kein Interesse am neuen Künstler und seiner neuen CD haben und den Einsatz verweigern.

Weiterer Fakt ist aber auch, daß der A&R nur formt, was nicht fest ist. Mit anderen Worten, je genauer eine Band oder ein Künstler weiß, was er will, desto leichter wird er den A&R von seinen Ansprüchen überzeugen. Wichtig ist nur, daß A&R und Künstler Respekt und Verständnis füreinander haben. Wer sich in eine falsche Ecke gedrängt fühlt, sollte den Vertrag nicht unterschreiben, denn dann kann er gar nicht glaubwürdig sein und wird spätestens beim ersten Interview das Rollenspiel nicht mehr durchhalten. Künstler sein heißt nicht, künstlich zu sein!

Schon aus diesem Grund versuchen gute Berater, das zu verbessern, zu fördern und auszubauen, was der Künstler an natürlicher Begabung mitbringt. Der Erfolg steigt mit der Professionalität, die auf Individualität und Persönlichkeit beruht.

Der Vertrag – ein Buch mit sieben Siegeln?

Verträge müssen sein – die Zeiten, zu denen man sich mit dem Künstler per Handschlag einigte, sind längst vorbei. Dies sollte jeden Musiker ermuntern, sich wenigstens mit den groben Vertragsgrundlagen auseinanderzusetzen. Entscheidet sich die Plattenfirma für einen Künstler, geht dies direkt einher mit der Vertragsverhandlung oder wenigstens dem ersten Abklopfen, wie denn die Zusammenarbeit rechtlich gestaltet werden sollte.

An dieser Stelle sei kurz auf ein bei einigen Vertragspartnern beliebtes Spielchen eingegangen: Der Bluff mit den angeblich bereits vorliegenden Angeboten anderer Firmen. Manche Künstler meinen, sie könnten so die Vertragsverhandlung beschleunigen oder sogar den Preis in die Höhe treiben. Auf dieses Pokerspiel hat keine Firma Lust und empfindet es eher als Erpressung. Und: Vorsicht ist geboten, weil die meisten A&Rs sich untereinander kennen und durchaus miteinander reden. Und eine Zusammenarbeit mit einer aufgeflogenen Lüge zu beginnen, ist kein guter Start.

Ist man sich musikalisch einig, werden zwischen A&R und Künstler bzw. seinem Management die Eckpunkte des Vertrages beschlossen. Diese Punkte legen die Art (Bandübernahme- oder Künstlervertrag) und den Umfang (Single-, Albumvertrag) der Zusammenarbeit fest, die Vorauszahlung und den Lizenzsatz. Diese erste Absprache macht den Kern des Vertrages aus und wird vom A&R in den sogenannten „Heads Of Agreement" schriftlich zusammengefaßt. Diese dienen dann als weitere Verhandlungsgrundlage, schaffen aber zunächst den Rahmen, damit Künstler und Plattenfirma ungestört weiterarbeiten können. Die detaillierte Ausgestaltung der Verträge wird dann meist den Anwälten der beiden Parteien überlassen und zieht sich gewöhnlich über einige Zeit hin. So werden viele Singles nur auf Grundlage der Heads Of Agreement veröffentlicht. Im Falle der Newcomer Silent Secret war es bereits klar, daß die Single gefloppt ist, als der eigentliche Vertrag unterschrieben wurde.

Die Vertragsgestaltung wird im Detail ab Seite 79 behandelt.

Die Zeit im Studio

Kommt es zwischen Musiker und Plattenfirma zu einem Künstlervertrag, geht die Arbeit für den A&R erst richtig los: In diesem Fall organisiert und finanziert die Plattenfirma die gesamte musikalische Produktion im Studio. Das dafür nötige Budget, die sogenannten Aufnahmekosten, läßt sich der A&R üblicherweise vom Controller und/oder Geschäftsführer genehmigen. Bei Albumproduktionen geht es schließlich schnell um 200 000 DM und mehr.

Der Artist&Repertoire-Manager hat in diesem Fall Einfluß auf die kreative Ausgestaltung und ist für die gesamte Organisation und Abwicklung zuständig. Er hilft bei der Auswahl und Buchung des Tonstudios, des Produzenten, der Gastmusiker etc. und stellt einen Zeit- und Budgetplan auf. Ist der Künstler „nur" Interpret und schreibt keine eigenen Titel, schlägt der A&R Produzenten, Komponisten, Texter oder Remixer vor und bringt sie mit dem Interpreten zusammen. Bei dieser Auswahl greift der A&R wieder auf sein hoffentlich unerschöpfliches Reservoir an Erfahrungen und Kontakten zurück. Fehlen noch gute Titel für ein Album, fragt er bei Musikverlegern nach oder läßt diese über „Songs Wanted" (monatlicher Branchendienst von Ellie Weinert, München) suchen.

Auf diese Weise wurden schon Titel und Produzenten für Künstler von Veronika Fischer bis Culture Beat zusammengestellt. Die beiden Bandmitglieder von Culture Beat z.B. schreiben selbst keine Songs, und das Erfolgsteam der Vorgängerplatte bestand nicht mehr. Also machten sich vier verschiedene Produzenten daran, Songs abzuliefern und sie zu produzieren. Diese Songs versuchte man dann zu einem stimmigen Album zusammenzustellen.

Manchmal geht die Vermittlerrolle des A&Rs sogar soweit, daß er bei der Verbesserung des Tracks mitwirkt und weitere Experten um Mithilfe anfragt. So fehlte z.B. bei einem DJ-Bobo-Track die knackige Hookline und Refrain-Spezialist und Komponist Nosie Katzmann mußte um Hilfe gerufen werden, der mit entsprechender Gema-Beteiligung dem Song den richtigen Schliff gab.

Liegen genügend Titel vor, hilft der A&R bei der Auswahl der Albumtracks und diskutiert mit über die Reihenfolge der einzelnen Titel auf dem Album. Auch die so immens wichtige Frage, welches Stück als erste Single ausgekoppelt werden soll, muß er, in Absprache mit Marketingabteilung und Künstler, entscheiden.

Der A&R – ein Kandidat für Herzversagen?

Neben den künstlerbezogenenen Aufgaben muß der Artist & Repertoire Manager intern die Kollegen für den „Neueinkauf" begeistern, sie zu Höchstleistung in Vertrieb und Promotion motivieren und phantasievoll neue Ideen der Präsentation und Vermarktung entwickeln. Darüber hinaus muß der interne Formularkampf gefochten und budgetiert und administriert werden. Markt und Mitbewerber müssen beobachtet werden. Das heißt konkret: Die wöchentlichen Charts aus dem In- und Ausland sind für ihn genauso Pflichtlektüre wie die Bravo, der Musikexpress und der Musikmarkt. Es soll Führungskräfte geben, die ab und zu Repertoirekenntnisse ihrer Mitarbeiter „abfragen", für mich ist es sehr zweifelhaft, ob es sinnvoll ist, die Charts auswendig zu lernen.

Und schon klingelt wieder das Telefon, und der Manager muß beruhigt werden, weil aus Kostengründen das für die Produktion gewünschte Symphonieorchester gestrichen wird. Der Künstler ist genervt, weil er ständig unter Zeitdruck gesetzt wird, aber unbedingt eine kreative Pause braucht. Die Fotosession muß nochmals organisiert werden, weil es bei den Außenaufnahmen permanent geregnet hat. Das Tonstudio beschwert sich, daß das Sofa von den Musikern versaut wurde. Das Büro muß dringend aufgeräumt werden, weil sich die DAT mit dem Zusatztrack nicht mehr anfindet. Die Abrechnung des Produzenten stimmt irgendwie nicht, weil das Budget schon wieder um Längen überschritten ist. Die Geschäftsleitung braucht dringend die Single vorab für eine Präsentation...

An dieser Stelle wird wohl klar, daß ein A&R einen möglichst großen Freiraum braucht, um diese vielfältigen Aufgaben bewältigen zu können. Die Ausrede der Assistentin am Telefon, daß der A&R gerade im Meeting sei, ist also oft bittere Wahrheit. Auf der anderen Seite machen gerade Trubel und Chaos den Reiz des Jobs aus und wirken ja bekanntermaßen kreativitätsfördernd.

Demokassetten und kein Ende in Sicht

Und da wäre dann auch noch der berühmt-berüchtigte Berg von Kassetten, den es abzuhören gilt...

Ich höre förmlich, wie ein Teil der Leserschaft jetzt ihren „Die A&Rs hören sich die Demos ja sowieso nicht an"-Frust loswerden. Ich muß aber sofort dagegenhalten: Allgemein gibt es von höchster Ebene der Geschäftsleitung die Weisung, daß alles angehört werden muß. Dies wahrscheinlich schon deshalb, um sicherzustellen, daß der langsam langweilige „Ich schicke eine leere Kassette, und mal sehen, wer's merkt"-Test bestanden wird. Derartige Aktionen werden nämlich in regelmäßigen Abständen von den Musikmagazinen veranstaltet und mehr oder minder hämisch kommentiert. Lustiger war da schon, daß die Toten Hosen vor einiger Zeit ihre aktuelle Single vorab in Demoversion verschickt hatten und daraufhin massig Absagen der Plattenfirmen zurückkamen, die den Song zwar brav abgehört hatten, aber für nicht gut befanden, geschweige denn, die Erfolgsband erkannten.

Es werden so unglaublich viele wirklich schlechte und unprofessionelle Angebote eingeschickt, daß berechtigterweise oft Auszubildende zur Vorsondierung eingesetzt werden. So geht das Angebot von Mitschnitten kleiner Mädchen, die zum holprigen Klavierspiel „Alle Vöglein sind schon da" singen, bis zu ohrenbetäubenden „Live-Mitschnitten" aus Übungskellern gestriger Punks.

Wenn auch alles angehört wird, sollte man sich keiner Illusion hingeben, wie lange die Titel zu Gehör kommen. Meist wird bis zum Refrain (wenn es denn einen gibt...) angespielt und schon dann entschieden. Kein Wunder, kommen doch – abhängig vom jeweiligen Ruf des Labels – massenweise Demos. Aber wie heißt es so schön unter A&Rs, um sich über die nie enden wollende Arbeit zu trösten: „Das Demo von heute ist meine Rente von morgen."

Tips fürs Richtigmachen bzw. der Erfolgsweg vom Demo zum Plattenvertrag werden im Kapitel „Der Weg vom Demo zum Signing", Seite 61, beschrieben.

Aber Qualen, die bringst du, wie du in mein Ohr hineinkriechst und Unsinn schreist.
„Geh doch hin" aus dem Album „Damals hinterm Mond" von Element Of Crime

35

Der PM

D er PM ist nach dem Artist & Repertoire Manager die zweite Person, mit der der Musiker für gewöhnlich zu tun hat. Der Künstler wird vom A&R „weitergereicht" an den PM, denn der erarbeitet den Plan für die Vermarktung der Musik. Diese wird zunächst in enger Abstimmung mit dem A&R erarbeitet, der sich mit dem Thema ja schon intensiv beschäftigt hat, wird dann aber mehr und mehr vom PM alleine weitergeführt.

Die Abkürzung PM steht für „Produkt Manager" – eine Bezeichnung, die man in vielen Industrieunternehmen benutzt. Bloß sind in der Musikbranche dem PM eben nicht Mineralöl oder Handcreme als Produkte zugeordnet, sondern Musik und Menschen. Letztere haben eine eigene Meinung und einen Mund, um diese zu äußern. Und darüber hinaus handelt es sich bei diesen Menschen um Künstler – was den Job des PM nicht leichter, aber interessanter macht.

So muß der Produkt Manager ganz sicher die Fähigkeit haben, mit den unterschiedlichsten Menschen zu kommunizieren. Morgens kämpft er bei der Geschäftsleitung um die Freigabe von Sonderbudgets, mittags diskutiert er mit dem Grafiker über die Hüllengestaltung, nachmittags redet er mit dem Tourveranstalter über Kooperationen bei den Konzerten, und abends holt er im Hotel Atlantic seinen Künstler ab und begleitet ihn zu einem Abendessen mit Tonträgerhändlern.

Ich erinnere mich immer gerne an meine Verhandlungen über eine Live-Präsentation der Nachwuchskünstlerin Katja O.Kay im Hamburger Top 10. Diese Lokalität liegt auf der Reeperbahn und wird vom „Kiez-König" Neger Kalle geführt. Sein Büro war besser als jedes Klischee über die Halbwelt, doch bis heute begrüßt er mich sehr charmant und freundlich, wenn wir uns zufällig sehen.

Jedem Künstler aus dem Artist Roster einer Repertoirefirma wird ein zuständiger Produkt Manager zugeteilt. Dies geschieht meistens nach repertoireseitigen Gesichtspunkten, nicht selten aber auch nach Musikgeschmack und persönlichen Verbindungen zwischen PM und Künstler. So habe ich als Leiterin der Danceabteilung weiterhin Otto Waalkes betreut, der deshalb sicherlich nicht seinen Musik- und Komikstil verändert hat.

Je bekannter der Künstler ist, desto häufiger läuft die Kommunikation mit dem PM über das persönliche Künstlermanagement. Diese Manager bekommen einen bestimmten Prozentsatz der Einkünfte der Künstler und sind eine besondere Spezies Mensch für sich.

Allerdings ist die Entwicklung zu beobachten, daß es immer mehr Künstler gibt, die sich selbst um all ihre Belange kümmern. So spricht z.B. Udo Lindenberg selbst seine Videoproduktionen ab und diskutiert persönlich über Timing und Inhalt seiner Albumkampagne. Dies hat natürlich Vor- und Nachteile und macht den Job für den PM spannender und lustiger, aber auch stressiger und umfangreicher. Nicht selten muß dieser nämlich in solchen Fällen auch Funktionen des persönlichen Managers übernehmen.

Aber auch junge Künstler setzen bei wachsendem Erfolg und Belastung oft keinen klassischen Künstlermanager mehr ein, sondern bauen kleine Teams um sich herum auf. Diese eingeschworene Gemeinschaft arbeitet dann vor Ort und ganz nach dem Wunsch des Künstlers. So hat dieser mehr Einfluß und Kontrolle über seine Vermarktung, wodurch dem PM viel administrative und kreative Arbeit abgenommen wird. Diese künstlerbezogenen Teams entwickeln sich, wie im Falle der Toten Hosen oder den Ärzten, im Prinzip zu eigenen kleinen Labels. Sie werden von den Künstlern finanziert, die natürlich versuchen, die Kosten spätestens bei der nächsten Vertragsverhandlung an die Plattenfirma weiterzugeben.

> *Meine Definition eines guten Künstler-Manager ist: „Ein Manager ist dann gut, wenn er einen erfolgreichen Künstler als Kunden hat."*
>
> Alex Grob (Personal Manager von Nena und Doro)

Bei internationalen Künstlern geht die Kommunikation eigentlich immer über das Management, das die Auslandsaktivitäten koordiniert. In der Tat ist es deshalb oft spannender, im direkten Kontakt unbekannte Nachwuchsbands aufzubauen, als den abgeschotteten Weltstar als Künstler zu haben. Denn bei dem muß dessen in Amerika oder England gestrickte Kampagne nur für den deutschen Markt adaptiert werden. Der Produkt Manager bekommt bei internationalen Künstlern eine Kopie des Audio- und Videomasters, Merchandisingmaterial, Gimmicks und die fertigen CD-Hüllen-Filme auf den Tisch und muß nur die lokalen Marketingmaßnahmen einer Kampagne ergreifen.

Checkliste PM

Wie sieht nun ganz konkret die Vorgehensweise aus, um ein neues Signing, ein neues nationales Projekt auf den Weg zu bringen?

Die unten stehenden Aufgaben stehen an, sobald der A&R sein neues Signing an den PM übergibt. Sie sind chronologisch geordnet und können zu großen Teilen an dessen Assistenz deligiert werden. Sie beziehen sich nur auf die administrativen, unumgänglichen Aufgaben. Um die kreative Entwicklung des Gesamtkonzepts und den genauen zeitlichen Ablauf geht's dann im zweiten Teil.

Schritte zur Fertigungseinleitung:

- Einholen der Titelangaben des Tonträgers. Dazu gehört die Reihenfolge der Tracks, die genaue Bezeichnung der Mixe, die Spieldauer je Track und genaue Angaben über Komponisten, Texter und Verleger der Titel und alle sonstigen Credits (thanks to... etc.) und Logos.
- Abstimmen von Inhalt und Umfang des CD-Booklets mit dem Künstler (Texte, Fotos, Merchandising, Marktforschungskarte)
- Beantragen einer Katalognummer für die CD, evt. Musikkassette

- Erstellen des CD-Produktpasses, auch „Labelcopy" genannt, mit allen Angaben für GEMA, Covererstellung, Lizenzberechnung und Fertigung
- Korrekturlesen der CD-Bedruckung und aller Hüllenfilme
- Verschicken der Hüllenandrucke an den Künstler zwecks Freigabe
- Abnehmen des Masters
- Verschicken von Master, Produktpaß und Hüllenfilme an die Fertigungsfabrik

Mit dem Eintreffen des Masters und der Hüllen- und Etikettenfilme in der Fabrik dauert es ca. zehn Arbeitstage bis die fertigen Tonträger im Lager sehnsüchtig auf die kommenden Bestelleingänge warten. Der Produktmanager gibt hierfür üblicherweise die Höhe der Erstauflage vor, die mit dem Vertrieb vorab abgestimmt wurde.

Im übrigen gilt auch hier das sogenannte „Murphy Law": Je wichtiger der Künstler und die Kampagne, desto blödere Fehler passieren... Und dann gibt es noch eine Gesetzmäßigkeit: Bei bestimmten Künstlern tauchen immer wieder, ohne ihr Zutun, die unglaublichsten und unberechenbarsten Fehler auf. Komischerweise geschieht dies mit steter Regelmäßigkeit bei den gleichen Künstlern. Als Krönung einer Reihe von Fehlern wurde auf eine Stefan Waggershausen CD irrtümlich Musik einer anderen Künstlerin gepreßt. Daraufhin fragte mich dieser, ob in der Fertigung vielleicht eine Intrige gegen ihn laufe. Natürlich nicht, womit wir wieder bei den unerklärlichen Phänomenen der Popmusik angelangt sind...

Der A&R/PM

Von Firma zu Firma unterschiedlich liegen die Aufgaben von A&R und Produktmanagement in einer Hand oder sind auf verschiedene Abteilungen aufgeteilt. So gibt es z.B. bei der East West und der Mercury noch „reine" A&R-Abteilungen, bei der Polydor und Intercord wird die Abgrenzung nicht so eng gesehen. Bei der „Mischform" A&R/PM übernimmt der A&R sowohl die Aufgabe der Künstler-Akquisition als auch das Produktmanagement für seinen „Einkauf". Hier setzt sich der Zuständige sicherlich überproportional für seinen Schützling ein, da eine sehr hohe Identifikation und persönliche Motivation für das Produkt da ist.

Andererseits sind gute A&Rs und PMs hoch spezialisierte Experten, deren Fachgebiete man nicht durcheinanderwerfen sollte. Wer im stetigen Kontakt mit Produzenten und Musikern steht, hat nicht unbedingt die Konditionen einer WOM-Kooperation und die Preise für eine Bauzaunplakatierung parat. Generell habe ich aber bei Tonträgerfirmen wenig wirklich starre Strukturen kennengelernt. Kämpft also ein Mitarbeiter für bzw. um seinen Künstler, werden ihm auch PM-Aufgaben übertragen. Umgekehrt hat der PM immer Einfluß auf A&R-Entscheidungen und sollte auch ein Mitspracherecht haben, z.B. bei neuen Singleauskopplungen.

Eine spezielle Verbindung – PM und Künstler

Diese Verbindung zwischen Produkt Manager und seinen Künstlern ist intensiv und partnerschaftlich. Manchmal entstehen daraus Freundschaften, manchmal sind beide Parteien aber auch froh, wenn ein Wechsel stattfindet. Der Produkt Manager ist, genauso wie der Artist & Repertoire Manager, Mittelsmann zwischen der Firma und dem Künstler. Er muß dabei zwischen den unterschiedlichen künstlerischen und wirtschaftlichen Interessen der beiden Parteien vermitteln.

Der PM ist für die optimale Vermarktung seines Künstlers und dessen Musik zuständig. Dies heißt, er muß das ihm zugeteilte Künstlerbudget so effizient für Maßnahmen der Promotion und Werbung einsetzen, daß es zum Erfolg des Projekts führt. So bekommt er z.B. für eine Album-Kampagne des folgenden Kalenderquartals DM 200 000,- vorgegeben und muß das Geld auf Videoproduktion, Plakatierung, Anzeigen, Reisekosten, Auftritte zu Promotionzwecken, Gimmicks etc. verteilen. Das Ziel heißt, die Charts zu erreichen, und der Weg ist schwer und steinig!

Wobei der Weg in die Charts nicht unbedingt mit viel Geld gepflastert ist. Guckt man sich Kampagnen erfolgreicher Produkte an, stellt man fest, daß oft die kreative, ausgefallene Idee den Stein ins Rollen brachte und nicht das exorbitant hohe Budget.

So bewirkte bei einer Teenieband ihre persönlich gesprochene Ansage ihres Tracks auf einem Hitsampler, daß viele Mädchen so begeistert waren, daß sie die Läden stürmten, um die Single „der süßen Jungs" zu kaufen.

Der PM muß Freund, Kritiker, Berater und Mentor des Künstlers sein. Eine schwierige Rolle, weiß man doch, daß in der Praxis der PM oft an die zehn Themen parallel zu betreuen hat. Die Zusammenarbeit mit den Künstlern sei zeitlich nur bei bis zu fünf Acts möglich, sagt man... Folge ist, daß der PM von seinen Künstlern eine gute Portion Geduld, aber auch Vertrauen und Verständnis verlangen muß. Das heißt aber auch, daß man als Künstler selbst achtgeben sollte, daß man nicht zu kurz kommt. Ein freundliches Nachhaken, wie es denn so läuft, hat noch nie geschadet, damit der Produkt Manager am Ball bleibt.

Das Marketingkonzept

Ohne Konzept und Plan kommt heute kein Titel mehr in die Charts. Durch die riesige Angebotsflut kann sich kein Titel, und sei er auch noch so gut, abheben, ohne daß er mit einem vernünftigen Terminplan an die Medien gegeben wird und entsprechende werbliche Unterstützung erhält.

Die konzeptionelle Vermarktung des Künstlers plant der PM im voraus, d.h. bevor die Musik veröffentlicht wird. Das Konzept muß sich im Rahmen des schon erwähnten Publicity & Promotion-Budgets bewegen, welches von der Geschäftsleitung vorgegeben wird. In Form eines Marketingplans werden die einzelnen Aktivitäten aufgezählt und genau dokumentiert, was für Kosten zu erwarten sind. Dieser Plan dient dann der Kontrolle der tatsächlich entstandenen Kosten und der Berechnung des Break-Even-

Points. Das ist der Punkt, an dem alle weiteren verkauften Tonträger Gewinn erwirtschaften.

Der PM muß dieses Konzept inhaltlich seinen Kollegen aus Promotion und Vertrieb präsentieren und diese motivieren, es gemeinsam in die Tat umzusetzen. Dabei gibt es erfahrungsgemäß haufenweise Tücken und Fallen, und nur selten laufen alle Aktivitäten nach Plan. So werden Anzeigen geplant, aber der Anzeigenschluß verpennt; werden Senderbesuche geplant, die dann aber mangels Interesse seitens der Medien abgesagt werden; werden Videotreatments in Auftrag gegeben, die nie verwirklicht werden, da das Budget gestrichen wird etc.

Rechtfertigung gegenüber dem Künstler und seinem Management auf der einen und dem Vorgesetzten auf der anderen Seite machen dem PM das Leben oft schwer. Er sitzt zwischen zwei Stühlen und will eigentlich seinen eigenen nur behalten. Nicht selten werden die Künstler im übrigen schwieriger und nörgeliger, je bekannter und erfolgreicher sie werden. Schade, daß diese ganz vergessen, daß auch der Produkt Manager einen Stein zum Erfolg gelegt hat.

Eine genaue Erfolgskontrolle der ergriffenen Maßnahmen ist täglich über die eingegangenen Bestellungen aus dem Handel und – last, but not least – über die Charts möglich. Eiserne PM-Frustregel ist: Wenn der Titel ein Hit wird, war's eigentlich sowieso ein Selbstläufer, und jeder hat's vorher genau gewußt. Wenn er ein Flop wird, ist der PM Schuld! Egal, gefeiert wird trotzdem!

Die Quote

Es ist immer wieder ein tolles Gefühl, wenn ein „unbekanntes Thema gebreakt wird", d.h., ein Künstler erreicht zum ersten Mal die Media Control-Charts. Diese Charts werden wöchentlich vom Meinungsforschungsinstitut Media Control in Baden-Baden veröffentlicht. Die Plattenfirmen bekommen die Charts immer dienstags abends per Fax oder BTX-Abfrage. Die breite Bekanntmachung der Charts erfolgt in den Branchenmagazinen *Musikmarkt* und *Musikwoche*, aber auch durch viele Radiostationen. Inzwischen kann man die Charts auch übers Internet unter „www.Musikmarkt.de" abfragen. Leider ist die Seite inzwischen paßwortgeschützt und nur für Abonnenten des Magazin zugänglich.

Ist zu erwarten, daß ein neues Thema in die Charts einsteigt, gruppieren sich nervöse Vertriebs- und PM-Kollegen dienstags gegen 17h um das eine berühmte Faxgerät, das die wöchentlichen Charts „ausspuckt". Da in der Musikbranche durchschnittlich nur einer von zehn veröffentlichten Titeln den Sprung in die Top 100 schafft, ist der „entry" immer ein guter Grund zum Feiern!

Negativ ausgedrückt heißt das, daß die Flopquote der Branche bei bis zu 90 Prozent liegt. Also schafft es von zehn Neueinkäufen des Artist & Repertoire Managers nur einer, die Charts zu erreichen. Diese restlichen zehn Prozent müssen dann also so viel Geld einspielen, daß der Laden läuft und die Flops finanziert werden können.

Promotionabteilung

D ie Promotionabteilung gehört zu den Support Abteilungen und ist personell oft stärker als die Marketingfront. Viele große Plattenfirmen unterhalten in den wichtigen Medienstädten Hamburg, Berlin, Köln, Frankfurt und München Außenbüros, die mit einigen regionalen Promotern besetzt sind. Andere Firmen, z.B. der Polygram-Konzern, hat dies abgeschafft, wodurch die Betreuung der Medienpartner übers Telefon bzw. über Reisetätigkeit organisiert wird.

Das Ziel der Promotion ist es, quantitativ und qualitativ die bestmögliche Präsenz des Künstlers in allen Medien zu erarbeiten. So sollen die neuen Tracks möglichst oft im Radio gespielt werden, der Künstler recht oft im Fernsehen auftreten und die Presse von den neuen Talenten schwärmen. Es gilt also, neue Titel oder Talente bekanntzumachen und das Image des Künstlers zu pflegen, es zu korrigieren oder es überhaupt erst aufzubauen.

Die Promoter arbeiten hierbei meist für die Künstler aller PMs, d.h. sie haben eine übergreifende Servicefunktion. Da sie selbst kaum Einfluß auf die A&R-Arbeit haben, wird intern ab und zu durchaus Kritik an der musikalischen Auswahl getroffen. Schließlich bekommen sie die Reaktion bei den Medien viel direkter zu spüren als die A&R- und Marketingabteilung. Trotzdem beschreibt der Satz „Es wird promotet, was auf den Tisch kommt" die zu erfüllende Pflicht. Eine ehemalige Kollegin dagegen sagte immer so charmant: „Den Titel muß ich mir erst schön hören...", wenn ihr der Track nicht gefiel.

Üblicherweise wird die Promotionabteilung in die Bereiche Funk, Presse, TV und Diskotheken unterteilt. Diese – interessanterweise meist weiblich besetzten Posten – sind begehrte Einstiegsjobs in die Branche (mehr dazu im Kapitel „Traum(?)-Job in der Musikbranche", Seite 54).

Die Promoter (oder besser: Medienberater) halten stetigen Kontakt zu ihren jeweiligen externen Partnern in den Medien. Dies geschieht per Telefon, durch regelmäßige persönliche Besuche in der Redaktion und durch gemeinsam besuchte Events, wie Konzerte, Künstler-Präsentationen, Goldverleihungen etc.

Sie beobachten genau die Veränderungen in der Medienlandschaft: Keine neue Fernsehsendung mit Musikanteil entgeht ihrer Aufmerksamkeit, genausowenig ein neuer Media Control überwachter Radiosender und ein neues Teeniemagazin. Die PMs nutzen ihr Know-How und lassen sich von ihnen die geeigneten Medienwege für ihre Künstler aufzeigen.

Auf der anderen Seite informieren sie regelmäßig die Medienpartner über Neuerscheinungen und geben Hintergrundinformationen über die Künstler und Projekte. Sie akquirieren Interviews mit den Künstlern, die vor Ort sind und organisieren und betreuen deren Besuche bei den Medien. Sie kämpfen um die raren Playlisten-Plätze im Funk und beim Musikfernsehen und ergattern immer wieder Auftrittsmöglichkeiten in TV-Musikshows.

Das große Wort „Akquisition" wird hier immer oft und gerne eingesetzt und bedarf wohl kurzer Erläuterung: Laut Fremdwörterlexikon ist es eine „(vorteilhafte oder schlechte) Erwerbung"; ich würde es schlichter mit „Ranschleppen" von Medienpräsenz übersetzen.

Erst planen, dann reisen

Promotionaktivitäten mit Künstlern erfordern gründliche Vorbereitung, besonders, wenn es sich um von weit her anreisende Künstler handelt. Hier werden im Vorfeld mit dem Künstler bzw. mit dem Management Termine und Inhalte abgesprochen. Trotzdem kommt es immer mal wieder vor, daß ein Fernsehauftritt oder ein Presseinterview von der Promotionabteilung besorgt wurde – der Künstler sich aber weigert, in dieser Sendung aufzutreten oder mit dem Journalisten zu sprechen.

So reiste der Brite Chris Norman kurz vor Beginn einer TV-Live-Sendung ab, in der er seine neue Single präsentieren sollte, weil ihm erst dort bewußt wurde, daß es sich um eine reine Oldie-Sendung handelte. Ein unangenehmer Vorfall, sowohl für den TV-Sender als auch für die Plattenfirma, der sich mit einer gründlicheren Vorbereitung hätte verhindern lassen können.

Detaillierte Reisepläne und Schedules über den Ablauf von Promotiontagen sollte jeder Promoter im Schlaf schreiben können. Hier werden
- Anreisedaten
- Abholung vom Bahnhof/Flughafen
- Anzahl der Reisenden
- Betreuung seitens der Plattenfirma
- Ansprechpartner bei der TV-Sendung/ beim Radiosender/ in der Redaktion
- Mitzubringende Tonträger, Instrumente, Garderobe etc.
- Hoteldaten
- Ab- bzw. Weiterreisedaten

genau geregelt und vorab organisiert.

Wohl kaum ein Thema dieses Buchs bietet soviel Anekdoten wie das Reisen mit Künstlern. Jeder Promoter hat seine persönlichen Stories von verpaßten Flugzeugen, verlorengegangenem Gepäck, Krankheitsfällen, vertauschten Playbacks und Zügen, die in die falsche Richtung fahren etc.

Besonders der Punkt „Abholung" hat schon so manchen Promoter in die Verzweiflung getrieben. Klasse, wenn man organisiert hat, daß man 'N Sync am Münchener Flughafen abholt, aber Horden von kreischenden Mädchen dasselbe vorhaben...

Aber auch die Rubrik „Anzahl der Reisenden" kann manche Überraschung bergen. So flogen die Amerikaner Boys II Men nicht wie erwartet „nur" mit Manager und Ehefrauen an, sondern brachten auch ihren Friseur, ihren Trainer, ihre Kofferträger und weitere undefinierbare Aufgabenträger mit.

Zum Motto „Mitzubringende Tonträger" mußte ich selbst heftig vor einer Fernseh-Live-Übertragung der Goldenen Europa aus Budapest zittern. Dort durfte die

Danceformation Masterboy ihren neuen Videoclip präsentieren. Dieser Clip wurde aber so knapp fertig, daß ich das Master persönlich nach Budapest fliegen mußte. Gesagt, getan, nur stellte ich an der Paßkontrolle des Frankfurter Flughafens fest, daß ich meinen Reisepaß nicht dabei hatte. Der Flieger war weg, bevor ich den Zoll von meiner Notsituation überzeugen konnte. Das nächste Flugzeug brachte mich noch so rechtzeitig hin, daß zwar die Live-Show schon lief, aber das Video noch eingespielt werden konnte.

Besonders beliebt sind die sogenannten „Senderreisen". Diese werden sowohl für Newcomer zum ersten Kennenlernen als auch für etablierte Künstler zur Präsentation ihres neuen Werkes auf die Beine gestellt. Dies bedeutet nichts anderes, als daß die Künstler von den Promotern von Stadt zu Stadt, von Radiosender zu Radiosender geschleppt werden und zwischendrin noch schnell ein paar Presseinterviews absolvieren, bei Tonträgerhändlern Hallo sagen und kurz einen TV-Auftritt einschieben. Das bedeutet organisatorische sowie physische Höchstleistung, die sich für den Künstler zumindest langfristig (meistens) bezahlt macht.

Die Medien können nicht ohne die Plattenfirmen...

Ohne den steten musikalischen Nachschub von Seiten der Plattenfirmen könnte im Radio und Musikfernsehen bald nichts Neues mehr gespielt werden. Ein sehr großer Anteil der Sendezeit besteht aus Musik, die die Musikindustrie zur Verfügung stellt. Auch TV-Shows mit Musikeinlage und die Musik- und Teeniepresse kooperieren eng mit der Tonträgerindustrie.

Der praktische Ablauf ist folgender: Über eine Adrema (Kurzform für Adressenmaschine, also eine Datenbank) werden wöchentlich die Medienpartner ausgesucht, die mit der bestimmten Neuveröffentlichung eines Künstlers bemustert werden sollen. Diese Bemusterung bedeutet nichts anderes, als daß die Medienpartner diese Tonträger, inklusive einer Kurzinfo, zur Verfügung gestellt bekommen. Die Bemusterung ist in der Regel gratis für die Medienpartner. Bei den vielzähligen Radiosendern sichern spezielle langfristig abgeschlossene Abonnementsverträge den steten Musikfluß von der Plattenfirma zum Medienpartner.

Bemusterungen bergen immer wieder Fehlerquellen, da hier meist unter Zeitdruck die ersten fertigen Tonträger ohne weitere Abhörkontrolle aus der Fertigung kommen. So kam es vor, daß der Musikredakteur von „Radio Regenbogen" als erster bemerkte, daß dummerweise gar nicht der auf der Hülle versprochene Titel von Masterboy auf die Single-CD gepreßt wurde, sondern ein anderer Albumtitel. Echte Raritäten und Sammlerstücke, die hier bei den Medienpartnern verbleiben, während der Rest im Lager vernichtet werden muß.

Der Zeitpunkt der Bemusterung hat nichts mit der Veröffentlichung im Handel zu tun und liegt meist früher. Mit der Bemusterung können die Radiosender die Musik sofort einsetzen. Die Medienpartner aus Presse und TV können so ihre Berichterstattung und mögliche Fernsehauftritte der Künstler langfristig vorbereiten. Für die Musikvermarkter heißt das entscheidende Schlüsselwort „Timing der Bemusterung", also die Wahl des Zeitpunkts, wann die Tonträger an die Medien gehen. Dies kann über Hit oder Flop entscheiden:

Singles werden lange vor der Veröffentlichung bemustert, damit über Funkeinsätze, Presseberichte etc. bereits beim Endkonsumenten Interesse geweckt wird und eine Nachfrage im Handel entsteht. Dies erleichtert die Plazierung der Ware im Handel und gibt den „richtigen Schwung", um sie möglichst in der Woche nach der tatsächlichen Veröffentlichung in die Charts zu katapultieren.

Ein Album wird dagegen an den Funk erst kurz nach der Handels-Veröffentlichung bemustert. Man will damit erreichen, daß im Radio die vorab veröffentlichte Single weiter gespielt wird und nicht mit dem Spielen von Albumtiteln der nächsten Single-auskopplung vorgegriffen wird.

Die Print-Presse bekommt das Album dagegen bereits sehr früh, da Zeitschriften lange Vorlaufszeiten haben. Meist muß dies noch mit bespielten Kassetten passieren, da die CDs noch nicht fertiggestellt sind. Speziell Frauenzeitschriften planen Monate im voraus größere Geschichten. Soll dann noch ein Interview mit dem Künstler statt-finden und die Story pünktlich zur Veröffentlichung des Tonträgers erscheinen, muß man frühzeitig mit der Promotion beginnen.

Altbewährte Promotionregeln

Erfahrungsgemäß „passiert" aufgrund dieser Bemusterung überhaupt nichts; außer wenn eine lang erwartete neue Single eines ganz großen Stars ankommt. Bei der riesi-gen Flut von Bemusterungsplatten, die die Medienpartner wöchentlich bekommen, ist ihnen dies auch nicht zu verübeln.

Das heißt, nach der Bemusterung müssen die Promoter gezielt bei ihren Medien-partnern nachhaken und für ihre Rezension in der Bravo, ihren Funkeinsatz bei Anten-ne Bayern, ihre Videoausstrahlung bei VIVA und ihren Tip für die Dancecharts kämp-fen. Dieses Nachhaken zieht sich manchmal ohne ermunternden Erfolg über Wochen hin und ist ein harter Job. Denn wie heißt es so schön: Bei einem „Nein" des Medien-partners fängt die Arbeit des Promoters erst an...

Und wenn wir schon bei den etwas angestaubten Standardsprüchen sind, sei der folgende auch noch angeführt: „Any promotion is good promotion". Selbst für Nicht-Insider ist wohl leicht nachzuvollziehen: Lieber ein Skandal, ein Verriß oder ein miß-lungener Auftritt als gar nichts über den Künstler.

Kleine Geschenke erhalten die Freundschaft

Was Kundengeschenke in anderen Branchen sind, heißt in der Musikbranche „Gim-mick" und wird nicht minder gerne eingesetzt – hier eben für die Medienpartner: ein Sweatshirt mit Aufdruck des Künstlernamens, eine Umhängetasche mit dem Albumtitel, Blocks und Stifte aller Couleur, Stell-Hinchens und Staub-Einchens. Hier gibt es alles, in jeglichen Qualitäts- und Preisklassen, von geschmacksneutral über praktisch bis todhäßlich, von der Mikrowelle bis zum Brummkreisel. Die PMs beschäftigt dabei die Problematik, ob man für die Gimmicks leicht ablösbare oder sich niemals lösende Aufkleber mit der entscheidenden Künstlernennung benutzt. Gerne werden auch Gimmicks ausgewählt, die dem PM selbst noch im Haushalt fehlen. So gibt es zu Sting dann einen Entsafter und zu André Rieu ein Alessi-Schüsselchen.

Im übrigen beantwortet die nie enden wollende Flut von „Promo-T-Shirts" die Frage, warum in Plattenfirmen die schlechtestgekleideten Menschen überhaupt herumlaufen... (Mein Lektor meint, hier sollte ich auf Beispiele lieber verzichten!)

Dennoch muß hier das Gerücht des ständigen „cash flows" zum Erreichen von Medialeistung entkräftet werden. Mag sein, daß dies in Amerika wahr ist – in Deutschland nicht. Stattdessen werden Medienpartner schon mal zum Tourstart in der Gegend herumgeflogen, extra Medien-Gigs organisiert und „Eine Hand wäscht die andere"-Deals à la „Gibst Du mir Madonna fürs Interview, darf auch XY-Unbekannt auftreten" abgeschlossen. Wie in allen Bereichen der Kommunikationsbranche zählt auch hier der persönliche Draht, den der Promoter zu seinem Medienpartner aufbaut.

... und die Plattenfirmen können nicht ohne die Medien

Ohne Frage brauchen die Plattenfirmen die Medien, um Musik dem Endkonsumenten vorzustellen und bekanntzumachen. Besonders neue, unbekannte Künstler kommen, außer bei Konzerten, nur über die Medien an ihr potentielles Publikum.

Dabei reicht ein einmaliger Einsatz im Radio oder ein kleiner Bericht in der Presse nicht aus, um einen Kaufimpuls auszulösen. Die Medienwirkung muß geballt kommen. Sie entsteht, wenn der Titel von den Journalisten auf eine Playliste genommen wird.

Die Systematik der Playlisten sei hier kurz erklärt: Playlisten werden von der Redaktion wöchentlich sowohl beim Funk als auch beim Musikfernsehen (VIVA 1+2, MTV, VH1) in sogenannten Playlistsitzungen aufgestellt. Diese Listen beinhalten alle die Titel, die gespielt werden dürfen. Mit anderen Worten: Alle anderen Titel kommen nie oder nur über sehr vereinzelte „Handeinsätze" dem Publikum zu Gehör. Also sortiert nicht nur ein A&R aus, was wir kaufen können, sondern die Medien filtern ebenso, was uns erreicht.

Bei VIVA z.B. kommen jede Woche ca. 50 neue Videos an, aus denen höchstens ein Viertel auf die Playliste, also zum Einsatz kommt. Das neue Video von Illegal 2001 kämpft also um die gleichen zu besetzenden Plätze wie das Madonna- oder Oasis-Video. Die nicht für die Playliste ausgewählten Videos werden mehr oder minder kommentarlos abgelehnt. Hier zeigt sich in erschreckendem Maße die bereits erwähnte Macht und Filterwirkung der Medien, die so manchem vielversprechenden Titel das endgültige Aus bescheren. Denn wie soll der Musikinteressierte von dem Titel erfahren, wenn weder Fernsehen noch Rundfunk den Titel featuren?

Es gibt meist noch eine Möglichkeit der Wiedervorlage in einer Playlistsitzung, zu der Konzept und Umfeld des Titels sowie der Hintergrund der Künstler noch einmal überarbeitet präsentiert werden. Aber in der Regel bekommt man das Ruder nicht mehr herumgerissen, und die Playliste wird ein zweites Mal verwehrt. Man kann sich leicht vorstellen, daß um die raren Plätze der Playlisten gekämpft wird und die Promoter mit detektivischem Gespür die Teilnehmer dieser Playlistensitzungen herausbekommen, um sie mal zum Essen einzuladen.

Viele weitere verkaufsfördernde Einsatzmöglichkeiten für ein Video bleiben dann nicht mehr übrig, und neben dem allgemeinen Frust muß auch die getätigte Investition für das Video gerechtfertigt werden. Für Künstler ist es sehr schwer, sich ein Video zu erkämpfen, wenn gerade vorher Videos der Plattenfirma abgelehnt wurden. Logisch, denn nach „in den Sand gesetzten" Video-Produktionskosten, überlegt der PM genau, ob er nochmal das Risiko der Investition eines Videos auf sich nimmt.

Zum Antesten eines Titels eignet sich die Vorab-Bemusterung an den Funk wesentlich besser. Erreicht hier der Track einige wichtige Playlisten, fällt die Entscheidung pro oder contra Video wesentlich leichter.

Musikalische Vielfalt contra Langeweile

Sinn der Playlisten ist es, dem Rundfunk- bzw. Fernseh-Sender ein Profil zu geben, um in einem möglichst hohen Maße Zuschauer bzw. Zuhörer an sich zu binden. Diese festen Regeln sind ein Teil des Existenzkampfes der Radiostationen. Denn: Je mehr Zuhörer, desto höher der Preis, zu dem Werbeminuten verkauft werden können. Da sich die privaten Stationen aus den Werbeeinnahmen finanzieren, ist ein stabiles und genaues Bild der Zielgruppe wichtig. Das Resultat ist unter dem Schlagwort „Format" oder polemischer: „Einheitsbrei" bekannt.

In der Radio-Landschaft ist kaum Platz für Programme der Minderheiten – oder wo ist die Heavy Metal Sendung oder ein Beitrag über die Ethnoszene? Die Kritik geht natürlich nicht nur an die Privatstationen, sondern vor allem an die öffentlich-rechtlichen Sender. Diese werden über die Rundfunk-Gebühren (mit)finanziert und haben damit einen kulturellen Auftrag zu erfüllen. Aber irgendwie klingt alles gleich, was da über den Äther kommt, und die Hits werden gedudelt, bis man sie nicht mehr hören kann. Dies ist zwar immer wieder ein Diskussionspunkt, aber geändert wird nichts. Selbst massive Kritik engagierter Künstler und der Druck der Plattenfirmen lenkt die TV- und Radiomacher nicht von ihrem Hauptaugenmerk ab: der Einschaltquote.

Schon längst entscheidet der Radiojockey nicht mehr „aus dem Bauch", was er spielt, und er spielt auch nicht unbedingt das, was er gut findet. Gespielt wird, was die Musikredaktion vorgibt und was dem Phantom-Hörer (vermeintlich) gefällt. Kundenorientierung nennt man das wohl. Ob uns in diesem Fall eine „Dienstleistungsgesellschaft" nützt, bleibt fraglich.

Der Geschmack des Kunden, also des durchschnittlichen Hörers, wird professionell und mit hohem Kostenaufwand ermittelt. So wurde festgestellt, daß zwei Titel mit Frauenstimmen nicht hintereinander „gewünscht" werden, weil das den gemeinen Hörer nervt. So wird meist nach einem Titel, der von einer Frau gesungen wird, ein Titel mit Männerstimme oder zumindest ein Duett eingesetzt.

Die Meinung der Hörer wird genau und regelmäßig untersucht: Per Stichproben-untersuchung werden telefonisch Titelausschnitte, meist nur die Hooklines, einer repräsentativen Auswahl von Hörern vorgespielt. Diese fällen die Entscheidung, welcher Titel sie überdrüssig sind und welche neuen Titel ins Programm genommen werden. Musik-Research oder noch genauer „Call Out" und „Auditoriumtest" heißt das in der Fachsprache und trägt zum Frust der Promoter bei.

Wesentlich günstiger als diese statistisch ausgeklügelten Tests ist es, die Abstimmung über einzelne Titel ins Programm zu integrieren. So können die Hörer dann direkt zum Telefon greifen und für ihren „Hittip" votieren. Repräsentativ ist das wohl nicht und gerne hilft auch mal der Fanclub eines Künstlers per Telefonaktion mit, daß der entsprechende Titel gewinnt. Wird ein Titel bei diesen Abstimmungen nämlich gewählt, geht er zumeist auf eine hohe Rotation und wird gedudelt, bis er zu den Ohren herauskommt.

Eine weitere Konsequenz ist, daß bestimmte Titel so oft im Radio gespielt werden, daß sie zwar zu echten Radiohits werden, aber keiner sie mehr kaufen will. So haben zwar alle den fröhlichen Track „Sing Along" mitsingen können, aber keiner wußte so recht, daß der Titel von SIR PRIZE ist. Die Verkäufe waren entsprechend dürftig. Nur die Tatsache, daß die Funkeinsätze bis zu einem bestimmten Grad bei der Ermittlung der Single-Charts mitzählen, hielt die Nummer über neun Wochen in den Charts.

Die Version fürs Radio

Es gibt festgelegte Auswahlkriterien, die bestimmen, ob ein Titel radiotauglich ist. Die Macht der Medien geht so weit, daß diese Kriterien die musikalische Produktion eines Titels beeinflussen, denn schließlich will und muß der Künstler ja im Radio präsentiert werden. Diese sogenannte „Radioversion" eines Tracks wird prinzipiell an erster Stelle einer Single-CD zu finden sein. Dies nur, um bei den Medienpartnern keine Verwirrung oder gar Unbequemlichkeit bei der Auswahl der Version zu stiften.

Die Länge einer Radioversion sollte sich bei drei bis vier Minuten einpendeln. Für einige Künstler stellt das ein echtes Problem dar. Sie fühlen sich in ihrer Kreativität eingeschränkt, und in der Tat ist die Zeit für einen textlastigen Titel, vielleicht sogar mit einer Pointe am Ende, schwer einzuhalten. Es soll deshalb sogar Künstler geben, die längere Titel abliefern, aber eine Spieldauer von unter vier Minuten auf der CD notieren lassen, um den Radio-Entscheider nicht schon vorher abzutörnen...

Außerdem muß die Hookline bei der Radioversion eines Songs natürlich besonders ausgeprägt sein, um einen Ohrwurm-Effekt bei der Hörerschaft zu erzielen. Also darf sich der Refrain ruhig recht oft wiederholen. Dafür sollte man lieber auf Soli und komplizierte Strukturen verzichten.

Ach ja, das Intro: Bitte nicht zu lang, es soll ja gleich „gut abgehen". Aber bitte auch nicht zu kurz, der Moderator sollte ja zur Not die Chance haben, noch in den Titel hineinzureden.

Die Radioversion dient im übrigen auch als Basis für die Erstellung eines Videos. Denn auch im Musikfernsehen gelten ähnliche Ansprüche an die Produktion eines Titels. Nur in seltenen Fällen wird extra ein Video-Edit erstellt.

Kaum gehe ich ans Radio ran, da springt mich schon die Sahne an, total pervers und sexuell, von RSH bis RTL.

„Sex im Radio" aus dem Album „Panik Panther" von Udo Lindenberg

Werbeabteilung und Grafik

D ie Werbeabteilung gehört zu den Support Abteilungen der Plattenfirmen und ist damit eine Serviceabteilung für die Produkt Manager. Die Werbeabteilung, vielfach „Creative Services" genannt, arbeitet wie eine inhäusige Agentur, hält aber auch die mannigfaltigen Kontakte zu externen (Agentur-)Partnern.

In diesem Arbeitsfeld macht sich die bereits beschriebene Unterscheidung der Künstler in national (domestic) und international besonders bemerkbar: Bei den internationalen Künstlern liegen bereits die Filme aus dem Ausland vor, und die Werbeabteilung stellt die Tonträger-Cover auf die deutschen Standards um. Das heißt, der Tonträger bekommt die deutsche Katalognummer, den deutschen GEMA-Hinweis und ggf. Zusätze wie zum Beispiel nationale Marktforschungskarten. Die Grafik entwickelt die bereits bestehende Optik nach den Vorgaben des zuständigen PMs weiter für Anzeigen, Plakatierungen etc.

Bei den nationalen Künstlerthemen, bei denen außer dem musikalischen Master nichts vorliegt, wird in der Werbeabteilung die generelle Optik entworfen. Die Werbeabteilung berät den PM und seinen Künstler bei der gesamten Corporate Identity der Veröffentlichung. Das heißt, sie entwickelt und organisiert die optische Gestaltung vom Pressefoto, der Tonträgerverpackung, den Werbemitteln etc.

Was so einfach klingt, ist in der Realität ein Jonglieren mit verschiedensten Ideen, Entwürfen und Mustern. Dabei hat der Creative Manager einen anderen Geschmack als der Künstler und der wiederum hat andere Vorstellungen als der Produkt Manager. Das Ganze passiert vor dem Hintergrund engster Deadlines (spätester Termin), die zum Beispiel durch Anzeigenschluß, anstehende TV-Termine usw. vorgegeben sind.

Ein genaues Briefing vom PM mit Angabe von Terminen ist deshalb unabdingbar, ein persönliches Gespräch zwischen Werbeabteilung und Künstler wünschenswert.

Persönlich briefen

Um die Marschrichtung für die Gestaltung vorzugeben, sollte der Produkt Manager sich vorab mit dem Künstler verständigen und den kreativen Service detailliert informieren. Die Vorgaben des PMs an die Werbeabteilung sollten neben einem musikalischen Höreindruck der Tracks die folgenden Punkte beinhalten.

Bei einem Coverauftrag:
- Budget der Initialkosten, also der Kosten, die bis zur Fertigstellung der Hüllenfilme des Tonträgers entstehen dürfen
- Deadline für die Abgabe der Filme für den Druck der Tonträgerhülle
- avisierte Zielgruppe des Tonträgers
- optische Vorgaben, z.B. Foto des Künstlers, grafische Coverlösung o.ä.
- korrekte Inhalte für das CD-Booklet mit Angabe der Komponisten, Texter, Produzenten, Spieldauer usw.
- Weitere Fotoauswahl für die Gestaltung der Innenseiten
- Hinweis auf Fanclub, Marktforschungskarte, Internet-Adresse, Credits (Grüße, Danke usw.) der Künstler etc.
- bei einer Single: Hinweis aufs aktuelle oder in Kürze erscheinende Album
- Liedtexte, wenn der Abdruck erwünscht ist
- Album-Vorderseiten des Backkataloges für den Abdruck im Booklet

Bei Werbemitteln, z.B. Gimmicks, Merchandising, Poster:
- Mindestens eine Roh-Idee, besser ein konkretes Konzept
- genaue Angaben der Bedruckung
- Auflage
- maximaler Preis pro Stück
- Verpackungseinheit
- Abgabetermin
- Anlieferungsort bzw. Versandadressen

Bei Mediabuchungen, z.B. Funk-/TV-Werbung, Anzeigen:
- Gesamtbudget
- Buchungszeitraum
- avisierte Zielgruppe oder sogar konkrete Mediawünsche
- Preis pro Kontaktzahl
- Footage für die Erstellung des Films bzw. des Werbespots, z.B. Künstlervideo, CD-Cover, Vorgabe des Werbetextes

Hilfe von außen?

Bei diesen vielfältigen Aufgaben kann keine Werbeabteilung den Service alleine bewerkstelligen und bedient sich daher der Kreativität externer Mitarbeiter wie Layouter, Grafiker, Media-Agenturen, Fotografen und Drucker.

Dabei ist das richtige Zusammenführen von Kreativen eine Kunst für sich! So muß für Stefan Raab ein anderer Fotograf ausgewählt werden als für Brooklyn Bounce, damit am Set die Stimmung paßt, und das Ergebnis zielgruppengerecht umgesetzt wird.

Doch nicht nur Ergebnisse, sondern auch Kostenrahmen werden beäugt. Die Zeiten großer Fotosessions, Klamotten-Einkäufe und Stylingberatungen zu jedem Singleversuch sind vorbei, denn der Kostendruck steigt immer mehr. Wenn die Grafiker in München zu teuer werden, nimmt man eben einen aus Jever und läßt sich problemlos alles per ISDN-Leitung übertragen.

Zunehmend wird die Covergestaltung kleinerer Themen inhäusig am Apple Mac umgesetzt. Gerade im Bereich Dance, wo es oft um gesichtslose Projekte geht, sieht man sehr viele, teilweise wirklich gute grafische Lösungen für die Singles.

Auch auf die Ausstattung der CDs wird genau geguckt. Jede Seite des Booklets kostet mehr, und auch die inzwischen beliebte, bedruckte Seite hinter der CD kostet extra Geld. Der Gold-Prägedruck wird vorsichtshalber für unmodern erklärt und schwarz/weiß-Trends erfreut begrüßt. Die Bedruckung der CD selbst (CD-Etikett) wird pro Farbfilm berechnet. Der für vergessene und neue Informationen eingesetzte Sticker auf dem Cover ist zwar sehr beliebt, schlägt aber mit rund einem Groschen pro CD zu Buche. Kluge Köpfe haben deshalb den integrierten Sticker erfunden, der eben nicht klebt, sondern schon im Design des Covers integriert ist.

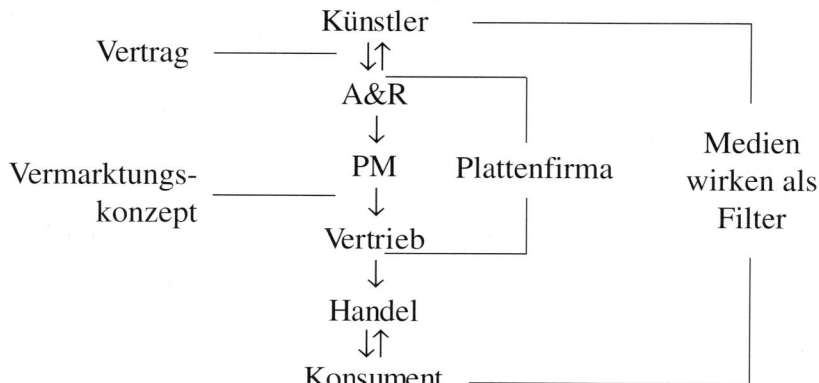

Vertrieb

Wenn Madonna ihre neue Single in „Wetten, daß . . .?" präsentiert, schauen und hören Millionen Musikfreunde zu. Das läßt ziemlich sicher darauf schließen, daß in der darauffolgenden Woche Tausende in die Schallplattengeschäfte laufen und nach eben diesem Popsong fragen.

Der Vertrieb einer Tonträgerfirma muß dafür sorgen, daß am „Tag danach" die Single des im Fernsehen aufgetretenen Künstlers im Handel bundesweit verfügbar ist. Eine große logistische Herausforderung, die aber bei der Schnellebigkeit des Marktes notwendig ist. Von Garmisch-Patenkirchen bis Flensburg muß der potentielle Kunde die CD gleich kaufen können, denn sonst wählt er erfahrungsgemäß einen anderen Tonträger. Schließlich gibt es da noch Zehntausende anderer Titel im Angebot.

Für den Vertrieb heißt das, daß er vorausschauend agieren muß, um den Tonträger rechtzeitig verfügbar zu machen. Die Single muß „vorakquiriert" werden: Bereits drei Wochen vor dem großen TV-Auftritt finden Verkaufsgespräche zwischen Plattenfirma und Handel statt. Es werden so im voraus Tonträger geordert, die dann zum Beispiel am Tag des TV-Auftritts ausgeliefert werden. Nur so kann die individuelle Nachfrage befriedigt werden – kommt die genannte Madonna-Single eine Woche später, fragen die Kunden vielleicht schon nach einer anderen Nummer. Logistisch bedeutet das, daß man einen Lieferservice innerhalb von 24 Stunden gewährleisten muß. Bestellt also ein Händler bis 12 Uhr mittags, bekommt er die Ware am Folgetag.

Nadelöhr mit Alternativen

Der Vertrieb wird das „Nadelöhr der Branche" genannt. Die Stärke eines Vertriebs macht die Präsenz des Tonträgers im Handel aus. Mit anderen Worten, ohne einen Vertrieb ist kein Hit möglich, kaum ein Tonträger erhältlich.

Die Tonträgereinkäufe werden an unterschiedlichen Orten getätigt: Der Umsatzanteil des Gesamtmarkts beträgt

- 38,6 Prozent bei den Filialunternehmen, Facheinzelhändlern und Verbrauchermärkten
- 39,5 Prozent bei den Großbetriebsformen wie Megastores, Warenhäusern und Elektromärkten
- 16,5 Prozent beim Bereich Direct Mail, also bei Order über Kataloge, Club-Centern und Versandhäusern und
- 5,4 Prozent bei sonstigen Einkaufsstätten.

Auch wenn der Mailorder-Handel ständig Zuwachs vermeldet und das Internet Änderungen vermuten läßt, ist nach wie vor der Tonträgerfachhandel bzw. die Tonträgerabteilung für die Musikindustrie das wichtigste Outlet.

Für den Endkonsumenten nicht sichtbar gibt es auch hier verschiedene Vertriebswege: Man unterscheidet den „normalen" Einzelhändler vom Großhändler. Der Großhändler verteilt über einen eigenen Außendienst die Ware an kleine Geschäfte weiter, die von der Tonträgerindustrie selbst nicht direkt bedient werden. Die klassischen Filialisten, z.B. TMI, AMS oder die süddeutschen Müller-Märkte, kaufen zentral ein und verteilen dann an ihre vielzähligen Outlets. Ferner gibt es sogenannte Rackjobber, z.B. die Firma Alpha in Erding, die mit ihrem eigenen Außendienst die Ware an die großen Verbrauchermärkte, z.B. Toom oder Magnet, weitergeben. Marktbestimmend sind letztlich die großen Konzerne – wie Metro mit ihren Media-Märkten und Saturn-Hansa-Filialen – und die Karstadt-Gruppe, zu der auch Schaulandt und WOM gehören.

Der Grad der Zunahme dieser alternativen Verkaufswege (Kiosk, Tankstelle, Internet, Mailorder etc.) ist schwer einzuschätzen, wird aber zumindest teilweise seitens der Musikindustrie sehr gefördert. Über diese Wege versucht man insbesondere jene Konsumenten anzusprechen, die z.B. wegen Schwellenangst den Fachhandel nicht betreten. So läuft im Mailorderbereich die Bestellung von Tonträgern bei TV-Spots mit Telefonnummernangabe bestens.

Ganz schlaue Füchse besorgen sich ihre CDs übers Internet (z.B.: http://www.cdnow.com), wo Anbieter die neuesten Scheiben weltweit bereithalten. Ein Szenario, vor dem sich die Musikindustrie natürlich graust. Je nachdem, wo der Server für den Internet-Auftritt steht, sind die Portokosten und die Preise der CDs gering genug, um konkurrenzfähig und günstig Tonträger anzubieten.

Alle alternativen Verkaufswege haben für die Tonträgerindustrie einen Nachteil gemeinsam: Sie führen an den Verkaufs-Charts vorbei. Denn nur die Tonträgerkäufe, die bei den sogenannten Phononet-Händlern getätigt wurden, sind relevant für die Chartsermittlung.

Phononet

So wie Bücher per Computer schon lange zu bestellen sind, haben sich die oberen Riegen wohl auch die Tonträgerwelt erträumt. Stetige Bestandskontrolle und unkomplizierte, automatisierte Nachbestellungen waren die Schlüsselworte. Grund genug, 1991 in Hamburg die „Phononet Gesellschaft für Handelsdienstleistungen mbH" zu gründen. Insgesamt 18 Unternehmen der Phonoindustrie schufen zusammen mit dem Bundesverband der Phonographischen Wirtschaft diese Gesellschaft als eine Art Clearing-Stelle zwischen Handel und Industrie. Inzwischen sind mehr als 700 Händler mit über 1 500 Outlets bundesweit angeschlossen.

Diese bekommen den Service, daß die Änderungen im Programm der Tonträgerhersteller direkt in ihren Computer geladen werden. Darüber hinaus hat der Händler eine permanente Übersicht über seinen Tonträger-Titelbestand, denn jeden Verkauf im Laden registriert das System sofort und automatisch mit dem Lesen des Barcodes an der Kasse. Mit einem Tastendruck wird die Bestellung von Tonträgern an Phononet weitergeleitet. Der Bestellvorgang kostet gerade mal eine Mark, aber bei über 1,2 Mio.

Bestellpositionen insgesamt geht die Rechnung für Phononet trotzdem auf. 1997 wurden schon immerhin über die Hälfte aller Tonträger auf dem Phononet-Weg geordert.

Haben die Händler zusätzlich ein Warenwirtschaftssystem, automatisiert sich sogar die Bestellung: Wenn das vorletzte Exemplar eines gängigen Artikels verkauft wurde, wird dieser über Phononet automatisch nachbestellt.

„Efficient Replenishment" nennt man das in der Fachsprache. Der Händler sagte: „Gar nicht unpraktisch" und nutzte den anfangs von Phononet subventionierten Preis von DM 999,-, um sich mit den entsprechenden Computern auszurüsten. Die Software liefert die Tonträgerindustrie gratis dazu. Bei diesem Angebot hat so manch einer sein anfängliches Mißtrauen überwunden, daß er seine Daten frei übermitteln muß.

WKZ, POS, VKF, HAP – Abkürzungswahn (=Abkw.)

Keine Angst, die Auflösung dieser Abkürzungen folgt der Reihe nach.

In der Lebensmittelbranche zahlen die Industriefirmen schon für ihre Regalfläche im Handel – ganz so schlimm ist es in der Musikbranche (noch?) nicht. Werbekostenzuschüsse (WKZ) an den Handel sind allerdings gang und gäbe.

Sieht man also eine Anzeige eines Schallplattengeschäfts im lokalen Tageblatt, in der Tonträger beworben werden, kann man von einer Kostenbeteiligung der Tonträgerfirma ausgehen. Die Werbeabteilung der Schallplattenfirma hat einen Anzeigenentwurf erstellt, der dem Händler neben dem Werbekostenzuschuß zur Verfügung gestellt wird. Grinst der neue Shootingstar als WOM-Act des Monats von der Litfaßsäule, hat die WOM-Redaktion zwar die Auswahl getroffen, aber bezahlt wird dies in sechsstelliger Höhe vom spendablen Produkt Manager der Plattenfirma. Die CD soll über Kopfhörer anzuhören und stapelweise vorrätig sein? Da schalten wir doch besser eine Anzeige im erscheinenden POS (Point Of Sale) Magazin, das gratis im Handel ausliegt. Davon gibt es inzwischen einige: Vom *Play/Okay Magazin*, den *Karstadt Music News*, über das *WOM Journal*, *Saturn Aktuell*, den *Cyber News* bis zu *Aktiv* (ehemals *GDM MAGAZIN)*.

Kooperationen dieser Art nennt man „Verkaufsförderung"(VKF) oder *Sales Promotion*. Ein Bereich, der sowohl personell als auch in seiner Wirkung wachsend ist. Die Entwicklung geht vom reinen Verkaufsgespräch bis hin zur Beratung über Sonderaktionen und Kooperationen.

Die Verkaufsförderer sind für Händlerveranstaltungen jeglicher Art zuständig und holen Künstler für Autogrammstunden und Shopgigs in den Laden. Ferner organisieren sie In-House-Dekorationen, legen Flyer aus, bestücken den Ladenfunk, sprechen Kooperationsgelder ab etc. Aber Achtung: Die anfallenden Kosten des Vertriebsmarketings gehen fast immer zu Lasten des Künstlerbudgets! Und aus diesem Topf speisen viele, so daß die Frage lauten kann: „Was ist sinnvoller: Handelsdekorationen oder Anzeigen im Stadtmagazin?"

Der Verkaufsförderer arbeitet dem klassischen Außendienstmitarbeiter (auch Gebietsverkaufsleiter oder schlicht Vertreter genannt) zu. Dieser wiederum besucht in einem bestimmten Turnus die Disponenten im Handel, um dort Tonträger zu verkaufen. Dies geschieht zum Händlerabgabepreis (HAP, bei einer Album CD ca. DM 22,-, bei einer CD Maxi ca. DM 8,-), abzüglich der je nach Händler nicht unerheblichen Rabatte und Boni. Der HAP ist übrigens auch Berechnungsgrundlage für die Lizenzen, die an die Künstler ausbezahlt werden. Aber keine Angst, die HAPs differieren von Plattenfirma zu Plattenfirma nicht sonderlich.

Wie in anderen Vertriebsorganisationen gibt es inzwischen Personen bzw. Abteilungen, die sich nur mit den ganz großen Kunden, dem „key account", befassen. Diese Konzerne kaufen von den Plattenfirmen die Ware zentral ein und verteilen sie auf ihre vielzähligen Filialen. Man kann sich vorstellen, daß hier der Konditionsdruck besonders scharf genutzt wird. Solche Großkunden sind z.B. Karstadt, TMI, AMS.

Verstärkt wird der traditionelle Außendienst desweiteren durch ein Team, das Kunden telefonisch betreut. Hier wird Ware an die Kunden verkauft, die zu klein sind, als daß sich ein Besuch lohnt. Aber die Telefonsales-Mannschaft legt auch los, wenn schnell Informationen weitergegeben werden müssen, z.B. kurzfristige Konditionen oder ein „Wetten, daß...?"-Termin für den Künstler. Darüber hinaus können über diesen zeit- und geldsparenden Weg alle Produkte verkauft werden, die nicht „erklärt" werden müssen, also z.B. „Best Of's" oder Hitsampler.

Traum(?)-Job in der Musikbranche

Wo gibt es Einstiegschancen?

Sie sind kein charismatischer Sänger, kein begnadeter Tänzer und würden sich auch nicht als Künstler bezeichnen? Kein Problem, es gibt auch andere Wege, in diesem Busineß Geld zu verdienen und Spaß zu haben. Hinter den Kulissen der Musikindustrie arbeiten viele Enthusiasten, Idealisten, Verrückte und ganz viele normale Menschen.

Es gibt wohl kaum eine Branche, wo so viele ehemalige Reisebürokaufleute, Lehrer, Modedesigner, Journalisten und nicht zuletzt Musiker den Quereinstieg geschafft haben. Immer wieder trifft man in höchsten Managementebenen auf die kuriosesten Lebensläufe. Was diese Menschen vereint, ist eine ausgeprägte Individualität und die Begeisterungsfähigkeit für die Musik.

Dieses Resultat sehr „undeutscher" Personalpolitik ist wohl nur auf das zu vermarktende Produkt, nämlich die Künstler und ihre Musik, zurückzuführen. Hier muß der Marketingprofi gleichzeitig auch Psychologe sein, der die Ängste und Wünsche seiner Künstler versteht, sie tröstet, ermutigt, motiviert oder sie auf den Boden der Tatsachen zurückholt. Dabei gilt es, die wirtschaftlichen Interessen der Firma gegenüber den künstlerischen Ansprüchen der Musiker abzuwägen und zwischen den konträren Meinungen zu vermitteln.

Trotz allem gibt es bei Stellenausschreibungen natürlich die üblichen Ansprüche à la Englisch- und PC-Kenntnisse, kaufmännische Ausbildung, Repertoirekenntnisse etc. Das Problem des Brancheneinstiegs liegt wohl eher darin, daß diese Stellen meist nur intern ausgeschrieben werden und fast nie in den üblichen Stellenanzeigen der Tageszeitungen zu finden sind. Die Personalauswahl der Reperoirefirmen läuft oft über persönliche Kontakte oder über Gesuche in den Branchendiensten *Musikmarkt* oder *Musikwoche* (siehe Literaturliste).

Die Personalabteilung einer Tonträgerfirma übernimmt nur die Administration der Neueinstellung. Die Auswahl der Aspiranten erfolgt dezentral; Bewerbungen schickt man deshalb besser an den Geschäftsführer oder – je nach angestrebten Job – an den Marketingleiter oder Promotionchef.

Im übrigen werden insbesondere Assistentenstellen oft über agile Zeitarbeitskräfte oder Praktikanten rekrutiert. Der „Aufstieg" im Hause ist dann frei nach dem „Hire & Fire"-Prinzip vergleichsweise einfach. Interessanterweise entstehen aus Jobs in der Plattenfirma auch Künstlerkarrieren. So jobbten die Mitglieder von Scooter bei Edel, bevor sie dort auch ihr erstes Signing bekamen.

Für junge Leute ist der Einstieg in die Musikbranche am besten über einen Ausbildungsplatz zu erreichen. Fast immer steht für die Absolventen einer solchen Ausbildung die Tür für den ersten Job offen.

Nachstehend eine Liste der Ausbildungsmöglichkeiten der Ausbildungsfirmen (ohne Garantie auf Vollständigkeit).

Ausbildungsfirma	Ausbildungsberuf Anzahl der Plätze Ausbildungsbeginn	Voraussetzung Bewerbungstermin	Ausbildungsdauer
BMG Ariola GmbH Steinhauser Str. 1-3 81677 München Tel: 089/ 41360	Industriekaufmann/ -frau 4 1.9.; jedes Jahr	Bewerbungen bis April	2-3 Jahre
East West Records GmbH Heußweg 25 20255 Hamburg Tel: 040/ 49062-299	Industriekaufmann/ -frau 2 nur alle 2 Jahre nächste Termine: 1.8.98, 1.8.2000 etc.	Bewerbungen bis November des Vorjahres	2 Jahre
Edel Company Wichmannstr.4 22591 Hamburg Tel: 040/89085 201	Bürokaufmann/-frau mit Zusatzqualifikation Medienproduktion 2 1.8.; jedes Jahr	Abitur Bewerbungen bis Januar	3 Jahre
EMI/Electrola GmbH Maarweg 149 50773 Köln Tel: 0221/ 4902-0	Industriekaufmann/ -frau 5-6 1.9.; jedes Jahr	Bewerbungen bis Dezember für Ausbildung im Folgejahr	2 Jahre
Sony Music Entertainment GmbH Stephanstr. 15 60313 Frankfurt a.M. Tel: 069/13888-354	Kaufmann/-frau im Groß-und Außenhandel 2 1.8.; jedes Jahr	Abitur, Bewerbungen bis Jahresende für Ausbildung im Folgejahr	2 Jahre

Ausbildungsfirma	Ausbildungsberuf Anzahl der Plätze Ausbildungsbeginn	Voraussetzung Bewerbungstermin	Ausbildungsdauer
Polygram GmbH Glockengießerwall 3 20095 Hamburg Tel: 040/3087-541	Industriekaufmann / -frau 3 1.9.; jedes Jahr	Bewerbungen: 1.6.-1.9. für Ausbildung im Folgejahr	2-3 Jahre
	Betriebswirt /-in (WAH) Wirschaftsakademie Hamburg 2-3 1.9.; jedes Jahr	Abitur, Bewerbungen: 1.6. - 1.9. für Ausbildung im Folgejahr	3 Jahre
	Wirtschafts- informatiker /-in (BA) Wirtschaftsakademie Schleswig-Holstein 1 1.9.; jedes Jahr	Abitur, Bewerbungen: 1.6. - 1.9. für Ausbildung im Folgejahr	3 Jahre
	Bürokaufmann /-frau mit Zusatzqualifikation Medienproduktion 1-2 1.9.; jedes Jahr	Bewerbungen: 1.6. - 1.9. für Ausbildung im Folgejahr	3 Jahre

Weiterbildungen und Seminare

Über die genannten Ausbildungsberufe hinaus gibt es im Vergleich zu anderen Branchen relativ wenig Möglichkeiten der Fort- und Weiterbildung.

Insbesondere für Quereinsteiger seien Kurzseminare über die Welt des Musikbusineß empfohlen, um den „allgemeinen Überblick" zu bekommen. Diese Seminare (1-2 Tage) bieten die folgenden Institutionen an:

Universitäten

Die Teilnahme ist leider offiziell nur für eingeschriebene Studenten möglich.

Hochschule für Musik „Hanns Eisler"
Gerd Müller
Wilhelmstr. 53
10117 Berlin
Tel: 0 30/2 29 27 53
Grundlagenseminar jährlich, ein Wochenende Schwerpunkt Jazzmusik.

Universität Lüneburg
Fachbereich Kulturwissenschaften
Frau Dr. Schoormann
Scharnhorststr. 1
21335 Lüneburg
Tel: 0 41 31/78-0
Grundlagenseminar jährlich, ein Wochenende.

Hochschule für Musik & Theater Hamburg
Kontaktstudiengang Popularmusik
Harvestehuder Weg 12
20148 Hamburg
Tel: 0 40/44 19 55 74
Vorträge zu diversen Themen aus der Praxis.

Hochschule für Musik „Franz Liszt"
Studiengang Kulturmanagement
Herr Schütz
Platz der Demokratie 2/3
99423 Weimar
Tel: 0 36 43/55 51 49
Jährliche Sommerkurse zu bestimmten Themenkreisen.

Sonstige Institutionen

Bayerische Musikakademie
Toni Dillenkofer
Am Schloßberg
97762 Hammelburg
Tel: 0 97 32/20 88
Seminare zu bestimmten Themenkreisen.

Deutscher Rock & Popmusikerverband e.V.
Ole Seelenmeyer
Kolberger Str. 30
21339 Lüneburg
Tel: 0 41 31/3 81 82
Einmal jährlich zur Hauptversammlung, ein Tag mit diversen Vorträgen zu verschiedenen Themen.

Gustav-Heinemann-Akademie der Friedrich Ebert Stiftung
Dr. Johannes Kandel
Postfach 1145
57251 Freudenbach
Tel: 0 27 34/4 98-0
Seminare zu bestimmten Themenkreisen.

Jazz & Rock Schule Freiburg
Bernhard G. Hofmann
Ferdinand-Weiß-Str. 6a
79106 Freiburg
Tel: 07 61/27 29 28
Workshops zu bestimmten Themen.

Landesmusikakademie NRW e.V. „Burg Nienborg"
Herrn Almsick
Postfach 2153
48616 Heek-Nienborg
Tel: 0 25 68/93 05-0
Grundlagenseminar einmal jährlich, ein Wochenende.

Music & More
GLM - Georg Löffler Musikverlag
Kaiser-Ludwig-Platz 1
80336 München
Tel: 0 89/54 40 45 34
Regelmäßig diverse Seminare zu verschiedenen Spezialthemen.

V.U.T. (Verband unabhängiger Tonträgerfirmen)
Kleine Freiheit 1
22767 Hamburg
Tel: 0 40/3 19 60 60
Jährlicher Wochenend-Kongreß mit Vorträgen zu verschiedenen Themen.

Rocksie!
Güntherstraße 65
44143 Dortmund
Tel: 02 31/55 75 21-1∠
www.rocksie.de
Workshops, Symposien, Internetforum.

B.A. Rock
Bundesarbeitsgemeinschaft der Musikinitiativen)
Hansastr. 39
81373 München
Tel: 0 89/7 43 70 03-0
Seminare, Workshops, Konferenzen, Projekte.
Informationen zu den Weiterbildungsangeboten der Landesarbeitsgemeinschaften und Musikir itiativen in Deutschland.

LAG Musik NRW
Akademie Remscheid
Küppelstein 34
42857 Remscheid
Tel: 0 21 91/7 94-2 20
Seminare, Workshops, Remscheider Sommerkurse.

GO Music
Industriestraße 53q
68169 Mannheim
Tel: 06 21/3 22 85 13

Jeunesses Musicales Deutschland
Marktplatz 12
97990 Weikersheim
Tel: 0 79 34/2 80

Frauen Musik Büro
Roßdorferstr. 24
60385 Frankfurt
Tel: 0 69/49 60-8 48

Musikzentrum Hannover
Emil-Meyer-Straße 28
30165 Hannover
Tel: 05 11/3 50 47 15

Modern Music School
Postfach 122762
55719 Idar-Oberstein
Tel: 01 80/5 25 31 25

Ohura
Egerländerstraße 3a
82299 Türkenfeld
Tel: 0 81 93/99 93 27

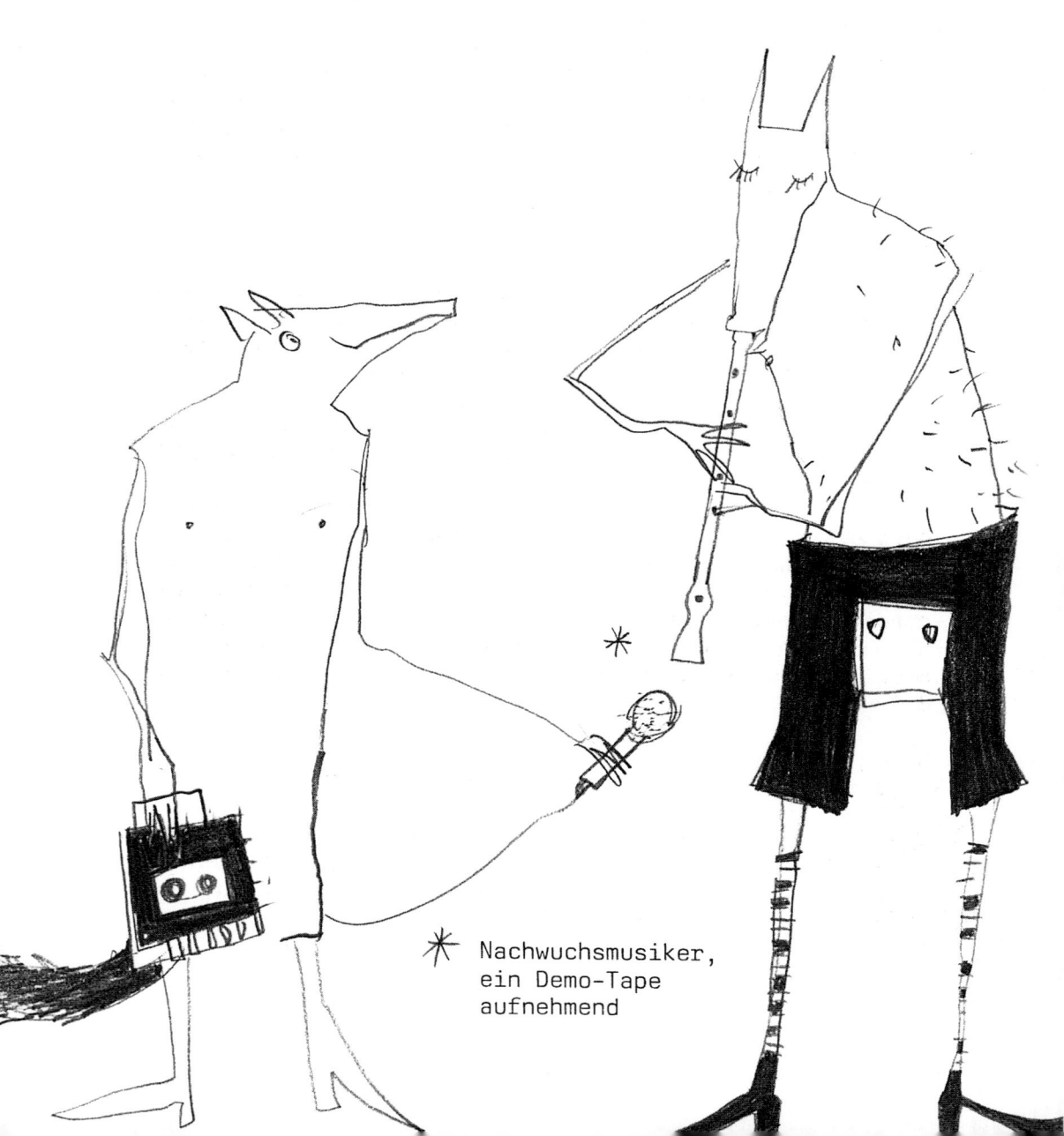

Nachwuchsmusiker,
ein Demo-Tape
aufnehmend

Der Weg vom Demo zum Signing

Das ganze Wissen über die Struktur und die Funktionsweisen der Tonträgerindustrie interessieren den Musiker meist wenig, solange er im Übungskeller "herummuckt". Sobald aber der Ehrgeiz wächst, und es ihn auf die Bühne drängt, kommt der Wunsch nach dem eigenen Tonträger auf. Die große Frage ist dann: "Wie komme ich zu einem Vertrag mit meinem Lieblingslabel?" Den Idealweg mit Erfolgsgarantie zum Traum-Signing gibt es nicht. Ich will aber zumindest einige Tips und Anregungen zusammenfassen, die die Chancen auf einen Deal erhöhen.

Kontakte knüpfen

In die Kette "Ich kenn' da einen, der kennt einen..."-Menschen sollte man sich einreihen, denn das Schlagwort "Kontakte" gilt bei den Musikern genauso wie in der Industrie. Je mehr Leute man im Musikbusineß kennt, desto höher ist die Chance, seine eigenen musikalischen Qualitäten dem Entscheider aus der Plattenfirma präsentieren zu können. Und den findet man, weil es der eine dem anderen erzählt. Eine Fürsprache ist Gold wert, denn es können Produzenten, Verleger, Konzertveranstalter oder Journalisten sein, die eine Vorauswahl der Besten treffen und dem A&R einen Tip geben.

Multiplikatoren nennt man diese Menschen - leider weiß man vorher nicht, wer die entscheidende "Rechenübung zum Deal" vollzieht. Konzerte, Messen, Szeneläden und nicht zuletzt Glück sind die Meilensteine dorthin. Nicht umsonst heißt diese Branche "Kommunikationsbranche", denn reden und agieren führt schneller zum Erfolg als abwarten. Man mag das Vitamin B oder Gemauschel nennen, aber jeder arbeitet halt lieber mit Leuten zusammen, mit denen er abends sowieso ein Bierchen trinkt. Also keine Angst, diese Kreise sind nicht starr, sondern immer für neue musikalische Talente offen!

Ab auf die Bühne

Welcome to the Showbusineß! Wo kann man sich selbst besser präsentieren als auf den Brettern, die die Welt bedeuten... Angestaubte Weisheit, die immer noch zu stimmen scheint. Bands kann man immer wieder raten, soviel wie nur irgend möglich live zu spielen. Nichts überzeugt eine Plattenfirma mehr als eine große Live-

Erfahrung, eine gute Bühnenpräsenz und ein damit „bewiesenes" Zusammengehörigkeitsgefühl der Band.

Bands wie Illegal 2001, Fury In The Slaughterhouse, Fiddler's Green, Rammstein usw., usw. haben alle damit angefangen, die Republik rauf und runter zu bespielen. Das ist ein steiniger, wenig lukrativer und harter Weg, auf dem sich viele Gruppen auch trennen, aber hier scheidet sich halt die Spreu vom Weizen.

Eine „erspielte" regionale Fanbasis ist kein Erfolgsgarant, schließlich müssen auch die Songs stimmen, aber ein gutes Argument für jeden A&R. Denn umgekehrt ausgedrückt, kann eine Band nur dann große Erfolge bundesweit erzielen, wenn sie lokal bewiesen hat, daß sie Zuhörer für sich begeistern kann. Von der Reaktion der Zuhörer bei einem Konzert mit „Heimvorteil" wird der mögliche Erfolg bei der anonymen Masse hochgerechnet. Frei nach dem viel zitierten Slogan „Act local, think global". Eine Rechnung, die zwar nicht immer aufgeht, aber dem A&R bei seiner Auswahl der Künstler hilft.

Als ich ein kleiner Junge war, da fragte ich die Mama: „Wie wird man Musikgenie?" Sie sagte: „Ohne Übung nie."

„Die Klavierlehrerin" aus dem Album „Hermine" von Udo Lindenberg

Produktionsstandard eines Demos

Bis heute ist es durchaus üblich und okay, eine Musikkassette als Demo abzugeben. Schließlich soll das Demo nur einen guten Eindruck vermitteln, aber nicht als Master benutzt werden. Allerdings kann man bei der heute einfachen Möglichkeit, CDs selbst zu brennen, seinen Professionalitäts-Standard erhöhen. Das Brennen von CDs bieten viele Studios für wenig Geld an.

Für die musikalische Produktion seines Demos braucht man keine Qualitätsansprüche wie bei einem fertigen Master anzulegen, sollte aber mindestens acht Spuren einsetzen. Die schwäbische Band Fool's Garden bekam ihren Deal bei der Intercord übrigens auch auf Basis einer Acht-Spur-Produktion, und die ganze Branche erinnert sich gerne daran, daß diese Aufnahme auf Platz eins der Media-Control-Albumcharts landete! Hier handelte es sich nicht um den in England gepriesenen Low-Fi-Trend, wo Bands wieder bewußt mit geringem technischem Equipment aufnehmen.

Auf keinen Fall sollte der Musiker seine eigene Produktion mit den Worten: „Eigentlich klingen wir viel besser als auf dem Demo" anbieten. Das törnt den A&R nur ab, überhaupt reinzuhören. Also entweder hinter dem Angebot stehen oder es ganz sein lassen! Im Zweifelsfall ist es immer besser einen guten Titel zu produzieren als mehrere mittelmäßige. Die Vorbereitung und die Auswahl der Titel sollte stattfinden, bevor man ins Studio geht. Das ist mindestens so wichtig wie die Zeit der eigentlichen Aufnahme. Nichts ist schlimmer als im Studio anzufangen, den Text umzuschreiben und sich über die Titel zu streiten.

Für Bands, die selbst keine Möglichkeit haben, günstig ein Demo zu produzieren, hier ein wenig bekannter Vorschlag: Die SAE ist ein Technology College, wo Toningenieure ausgebildet werden. Zum Abschluß der Ausbildung müssen diese im Studio professionell eine Band aufnehmen. Dafür werden in allen deutschen Schulen (Berlin, Hamburg, München, Köln und Frankfurt) Listen von Bands geführt, die gratis aufgenommen werden wollen.

Eine weitere Chance bietet sich, indem man ein Demo-Budget ergattert. Diese Gelder stehen den A&Rs (begrenzt!) zur Verfügung, um Bands die Chance zu geben, ihre Titel professionell in einem Studio aufzunehmen. Klingt gut, ist aber nicht ganz einfach ranzukommen, denn diese Demo-Budgets werden nur sehr gezielt eingesetzt. Ein Demo-Budget heißt: knapp am Deal vorbeigeschlittert. Auch hier gilt die Regel: Wenn die Firma erstmal investiert, stehen die Chancen gut, daß es weitergeht, schließlich will sie die ausgegebenen Gelder zurückverdienen.

Die Qual der Wahl: Welchen Titel anbieten?

Sind nun einige Titel aufgenommen, und der Versand wird vorbereitet, muß spätestens jetzt die Entscheidung gefällt werden, welche Titel angeboten werden sollen. Es ist keine gute Idee, alle verfügbaren Titel auf eine Musikkassette oder CD zu quetschen und zu hoffen, daß der A&R schon einen Track davon gut finden wird. Der A&R hört sich im Zweifelsfall genau den ersten an – und packt das Demo dann in den Absagekorb.

Die Auswahl des Titels sollte ebenso nach kommerziellen Gesichtspunkten erfolgen. Hierbei sollte jeder Musiker persönliche Interessen zurückstellen – nur, weil mein Solo auf dem einen Stück länger ist und ich es selbst komponiert habe, ist es nicht unbedingt das beste. Neid und Profilierungsgehabe unter Bandmitgliedern müssen im Vorfeld ausgefochten werden, denn nur, wenn man gemeinsam an einem Strang zieht, schafft man den Weg zum Deal.

Für das Angebot bei der Plattenfirma sollte man höchstens vier Titel auswählen und davon den stärksten auf jeden Fall an die erste Stelle des Demos setzen. Gefällt dem A&R der Titel, wird er, neugierig geworden, sowieso um weiteres Material bitten. Die Titelauswahl sollte – oh, welch gehaßtes Wort – Hookline-orientiert sein. Letztendlich also so, daß kein Musikredakteur beim Radio sich daran stören kann. Auf große Soloeinlagen kann man getrost verzichten, bei Interesse wird der A&R die instrumentalen Fähigkeiten der Musiker live überprüfen. Besser ist ein radiogemäßes Arrangement, das dem A&R in zwei bis drei Minuten einen Überblick über die Songstruktur gibt.

Doch nicht nur die Auswahl des Angebotstitels ist entscheidend, sondern auch die Auswahl des potentiellen Vertragspartners. Man kann viel Energie und Kosten sparen, indem man sich vorab genau über das Repertoire des Labels informiert. Ob meine Musikfarbe überhaupt zu der Plattenfirma paßt, kann ich anhand der Charts oder über einen kurzen Anruf klären. So geht ein Angebot im Segment Volksmusik bei Rough Trade bestimmt gleich in den Absagekorb.

Das Auge hört mit

Ist die Komposition und Aufnahme auch noch so gut, sollte man die Kassette trotzdem nicht lieblos in einen Briefumschlag stecken und abschicken. Auch A&Rs sind Menschen und damit durch gelungene Optik zu beeindrucken oder zumindest am Angebot zu interessieren.

Daher sollte die Aufmachung des Demo-Angebots nicht vernachlässigt werden. Das fängt schon ganz profan an: Der Tonträger (inkl. Verpackung) muß unbedingt vernünftig beschriftet sein, damit er im Chaos und Wust des gemeinen A&R-Schreibtisches nicht untergeht und damit nicht mehr zuzuordnen ist. Nichts ist nerviger als herumfliegende DAT-Kassetten, die man nicht mehr der dazugehörigen Hülle zuordnen kann. Kein Wunder also, daß manchmal sogar falsche bzw. vertauschte Demos an Künstler zurückgeschickt werden.

Über die eigentliche Musik hinaus gehört zu einem professionellen Angebot eine auch in Orthographie korrekte Kurzbiographie, die beinhaltet, was, wo, wie lange bereits musikalisch auf die Beine gestellt wurde. Dazu gehören auch Infos über die Bandbesetzung und möglichst ein Foto der Band oder des Interpreten. Je nachdem was vorhanden ist, bietet es sich an, auch bereits erschienene Zeitungsartikel oder ähnliche Credits, frühere Veröffentlichungen, ein Live-Videomitschnitt etc. beizulegen.

A propos Video: Extra ein Video zu einem Titel für das Angebot zu produzieren, macht wenig Sinn, denn dieses wird meistens sehr amateurhaft und ist später von der Plattenfirma sowieso nicht kommerziell zu verwenden. Es ist problematisch, vernünftige Einsatzmöglichkeiten für Videos zu finden, und die Ansprüche seitens des Musikfernsehens à la VIVA und MTV sind extrem hoch. Nur eine professionelle Videoproduktion mit einem entsprechenden Budget seitens der Plattenfirma macht zu einem späteren Zeitpunkt Sinn.

Ganz Pfiffige versuchen es gerne mit kleinen Bestechungstricks und packen z.B. einen Kasten Wein dem Angebot bei; oder bieten sogar für den Einkauf dem A&R eine private Beteiligung an den Lizenzen oder dem Vorschuß des Titels an. Den Wein wird der „normale" A&R wohl trinken, beim Bestechungs- und Schwarzgeld hört der Spaß auf. „Kick-Back" nennt man diese inoffizielle Vergütung für die Vermittlung des Geschäfts. Ich kann mir nicht vorstellen, daß irgendein A&R, der klar im Kopf ist, seinen vernünftig dotierten Job für so einen Kinderkram aufs Spiel setzt und sich davon beeinflussen läßt. Im Gegenteil, solche Aktionen wirken höchst unprofessionell und verleiten zu dem Gedanken, daß die Musik dann ja nicht so gut sein kann. T-Shirts oder Socken mit dem Bandnamen finde ich als Geschenk okay; selbst habe ich aber einmal an mir übersandte McDonald's-Gutscheine zurückgeschickt.

Davon abgesehen, das Angebot bitte nett fürs Auge zusammenstellen, denn „das hört mit". Und ab zur Post. Übrigens: Die meisten A&Rs haben Sekretärinnen, die die Briefumschläge entfernen, bevor sie die Angebote in den Eingangskorb des A&Rs legen. Deshalb gehören Hinweise, Adressen etc. in das Anschreiben und nicht auf den Umschlag!

Lieber persönlich vorspielen?

Viele Musiker möchten ungerne ihre Musik verschicken, sondern wollen persönlich ein Feed-Back vom Entscheider der Plattenfirma haben. Dies ist für den A&R ein anstrengendes und eher leidiges Thema, das von Fall zu Fall unterschiedlich gehandhabt wird. Meistens empfangen die A&Rs schon aus Zeitgründen nur ihnen bekannte Musiker oder Produzenten, die anderen müssen sich damit begnügen, ihr Angebot beim Pförtner zu hinterlassen oder es auf den Postweg zu geben.

Zum Trost sei gesagt, daß die Aussage des A&Rs bei einem persönlichen Vorstellen sowieso nie ganz ehrlich sein kann. Es gibt allerdings auch A&Rs die fast zu ehrlich sind und entsprechenden Frust bei den Musikern auslösen. Oft ist es sinnvoller und streßfreier, den A&R die Titel in Ruhe alleine abhören zu lassen. Ich denke nicht, daß das Resultat, ob einem ein Vertrag angeboten wird, dadurch beeinflußt wird.

In jedem Fall sollte man aber recherchieren, wer der A&R ist, der das Demo abhört – alleine schon, um das Angebot persönlich an ihn zu adressieren. Den Namen des für den Repertoirebereich zuständigen A&Rs bekommt man relativ einfach über einen Anruf bei der Zentrale oder dem Sekretariat der Plattenfirma heraus.

„Das ist doch alles nur geklaut"

Die Prinzen hatten mit ihrem Song gleichen Titels sicherlich nicht ganz unrecht, was das gegenseitige Abkupfern von Sounds, Melodiefolgen oder Textzeilen betrifft. Trotzdem braucht sich kein Musiker Sorgen zu machen, wenn er sein Demo an eine Plattenfirma schickt. Hier werden keine Ideen für andere Künstler geklaut. „Lohnenswertes Diebesgut" wird eher in den Charts oder bei anderen bereits erfolgreichen Produktionen vermutet und gesucht. Bei solchen Tracks hat man jedenfalls eine gewissen „Erfolgsbeweis", der den Klau vermeintlich lohnenswerter macht.

Wem diese Aussage noch nicht reicht, gehört wohl zu den ganz Mißtrauischen. Für diese gibt es zwei Möglichkeiten, sich gegen den Ideenklau abzusichern: Die erstere kostet Geld, denn man muß sich einen (Musik-)Anwalt (Adressen im Kapitel „Vertragsgestaltung") suchen und dort eine Kopie des Demos hinterlegen, daß man an die Plattenfirmen rausschickt. Noch einfacher und auch günstiger ist es, sich sein eigenes Demo per Einschreiben selbst zu schicken und den datierten Umschlag (natürlich verschlossen!) aufzubewahren. So hat man ein datiertes Beweismittel für den

Fall der Fälle vorliegen. Wie gesagt, dies sind Sicherheitsmaßnahmen für die ganz Vorsichtigen.

Irrtümlich nehmen viele Künstler an, daß die GEMA denjenigen schützt, der sein Werk dort anmeldet. Dies ist nicht so, d.h. im Falle eines Rechtsstreits, bei dem es um den Beweis eines Plagiats geht, hilft die GEMA-Meldung nichts.

Abwarten oder nerven?

Für den Musiker, der sein mit viel Mühe und Liebe erstelltes Werk verschickt hat, beginnt nun das Tage-, manchmal auch Wochenzählen. Die Antwort seitens der Plattenfirma läßt meist auf sich warten. Ich will hier nicht wieder das Verteidigungsplädoyer für die ach so überarbeiteten A&Rs beginnen, aber nach Versenden des Angebots sollte man sich schon zwei Wochen gedulden, bevor man den A&R kontaktet.

Was wirklich nervt, ist das sofortige Hinterhertelefonieren, ob das Angebot denn auch angekommen sei. Die Post mag zwar nicht immer zuverlässig sein, aber daran ändert ein solcher Anruf auch nichts. Man sollte übrigens nicht verlangen, daß die ganze Firma sich an einen erinnert, wenn man wegen seines Angebots nachfragt. Es kommt soviel Post an, daß man unmöglich die Namen aller Absender erinnern kann.

Leider schicken nicht alle Labels die Demos zurück. Grund dafür ist der nicht unerhebliche Aufwand an Zeit und Kosten. In anderen Plattenfirmen werden dafür Studenten auf Stundenbasis angeheuert, die brav Standardabsagen ausdrucken, die Demos verpacken und zurücksenden.

Rein rechtlich gelten Angebote übrigens als „unverlangt eingesandte Warenmuster", woraus der Plattenfirma keine Verpflichtung zum Zurücksenden entsteht.

Je länger es mit der Antwort dauert, desto sicherer kann man davon ausgehen, daß das Demo leider in der Kiste mit den abgehörten, aber noch nicht zurückgesendeten Angeboten schmort.

Bei Interesse seitens des A&Rs meldet dieser sich sowieso telefonisch und bekundet seinen Wunsch zu einem persönlichen Treffen oder fordert noch mehr Material an.

Die Absage ist schriftlich, üblicherweise in Form eines standardisierten, freundlich aufmunternden Computerbriefs. Eine Begründung für die Absage zu bekommen, ist bei der Masse an Angeboten fast immer unmöglich. Die Lösung liegt übrigens nicht darin, nun monatlich eine neue Kassette zu schicken. Dann kennt einen der A&R zwar, aber als akuten Nervfaktor!

Dies klingt vielleicht desillusionierend, fördert aber vielleicht die Selbstkritik und spornt den Ehrgeiz an. Man sollte sich nicht demotivieren lassen, die Konkurrenz ist halt hart. Nur eine gute Portion Sturheit und Durchhaltevermögen führen zum Ziel!

Da ist die Tür!

Zitat Lotto King Karl

Zeit für tröstende Beispiele

Manchmal führen auch die kuriosesten Angebote zum Erfolg. So schickte ein Opernsänger eine Kassette mit einer miserablen Aufnahme seines Ariengesangs ein. Der A&R hatte eine „Vision", ließ den Opernsänger neu einsingen und bat die Culture-Beat-Macher einen guten Beat drunterzulegen. Das Projekt hieß MND und war ein Erfolg.

Masterboy, eine Band aus dem Dancebereich, die heute weltweit Millionen Tonträger verkauft und mit einer Single nach der anderen in den Charts ist, hat ihre Karriere damit begonnen, eine ganz normale Demokassette an verschiedene Plattenfirmen zu schicken. Die Polydor griff als erste Company zu und machte gleich den ersten Titel „Dance To The Beat" zum Singlehit.

Eine damals völlig unbekannte Formation namens „Milch auf Ex" verschickte ihr Angebot in einer ungewöhnlichen Verpackung: Die Demokassette wurde mit allen nötigen Informationen in ein leeres Milch-Tetrapack gesteckt und landete so auf dem Tisch der verwunderten A&Rs. Ein Titel hieß passenderweise „Tetrapack" und Mercury Records, angetan vom stimmigen „Gesamtkunstwerk" der Band, nahm Milch auf Ex unter Vertrag.

Also, es geht doch!

Erstmal an der Plattenfirma vorbei

Kamen auf die ersten Angebote bei der Plattenfirma nur frustrierende Absagebriefe zurück, sollte man versuchen zu analysieren, woran es denn liegen könnte. In den meisten Fällen ist es schlicht und einfach die fehlende Professionalität und Erfahrung.

Also muß ein „Coach" her, der hilft, das eigene Projekt so weiterzuentwickeln, daß das nächste Angebot bei der Plattenfirma erfolgreicher ist. Die Strategie, erstmal an der Plattenfirma vorbei sein musikalisches Glück zu suchen, führt, so absurd sie auch klingen mag, oft zum Erfolg. Die geringen Erfolgschancen beim Einschicken eines Demobandes lassen diesen „Umweg" fast als Standardweg erscheinen.

Man sollte als Komponist oder Texter zunächst den Weg zum Musik-Verleger suchen. Dieser kann viel mehr Zeit und Kapazität in den Aufbau von neuen Acts investieren. Bedingung ist, daß er von der Qualität der Komposition und/oder des Textes überzeugt ist. Er professionalisiert dann das, was die Musiker als natürliche Begabung mitbringen und bereitet das Angebot für die Plattenfirma so auf, daß der Weg sich „lohnt". Oft übernimmt der Verleger die Präsentation beim (befreundeten) A&R selbst, und die Musiker müssen sich nicht mehr selbst verkaufen.

Ein anderer Weg der Produktpräsentation sei hier auch noch erwähnt. Das professionelle Demo-Placement, in Deutschland angeboten über IDPC (Adresse siehe unten), stellt regelmäßig CDs mit einem liebevoll gestalteten Booklet zusammen. Um sein eigenes Demo auf dieser CD zu plazieren, muß man zahlen. Diese CDs werden allen A&Rs angeboten – auch hier ohne Garant für hohe Erfolgsquoten.

Deal, und was kommt dann?

Wenn die Sektkorken knallen sollen, dann doch bitte erst, wenn der Vertrag von beiden Seiten unterschrieben ist. Gefeiert wird oft zu früh, denn auf dem Weg bis zur Vertragsunterzeichnung gibt es noch einige sogenannte „Dealbreaker", die oft vorab nicht zu erwarten waren. Der Abschluß ist, je nach Größenordnung, dann schon ein „Grinse-Foto" in den Branchen-Magazinen wert.

Allen Enthusiasten und Idealisten sei gesagt, daß der Deal letztendlich nur ein Stück Papier ist und nicht automatisch der Garant zur großen Karriere und zum großen Geld. Der Vorschuß reicht nicht lange und die GEMA schüttet mit einiger Verzögerung aus. Künstler sollten nicht gleich ihre Festanstellung kündigen und sich ein Haus auf Kredit kaufen. Der Vertrag mit der Plattenfirma ist keine Garantie für einen lukrativen Hit. Ich erinnere nur kurz an die bereits erwähnte hohe Flopp-Rate in der Musikindustrie.

Auf der anderen Seite gibt es auch schwarze Schafe unter den Künstlern, bei denen man nach Vertragsabschluß den Eindruck hat, daß sie mit dem einkassierten Vorschuß schon zufrieden sind und sich nicht darum scheren, ob der Titel nun ein Hit wird oder nicht. Diese können allerdings zu Recht um ihren Ruf bangen, denn solche Einstellungen sprechen sich schnell herum.

Soweit sich dem Künstler die Möglichkeit bietet, sollte er sich die Partner, also das richtige Label, gut aussuchen, denn es ist der entscheidende Motor seiner Karriere. Das Engagement, die Kompetenz, die Kreativität und das Verständnis des Labels sind unmittelbar verbunden mit dem Erfolg des Künstlers. Nicht zuletzt heißen auf beiden Seiten die Schlüsselworte „Kontinuität und Hartnäckigkeit", um gegen die Konkurrenz des Marktes zu bestehen.

Und nicht vergessen: Mit der Unterschrift unterm Plattendeal beginnt erst die eigentliche, oft nervenaufreibende Arbeit an der Promotionfront! Schließlich verkauft sich der Titel ja nicht von alleine. Da heißt es Schule oder Job schwänzen, Freundin versetzen und ab zum Interview in Leipzig und am nächsten Tag zum Shop-Gig in Georgsmarienhütte. Ohne Gage versteht sich – schließlich verdient der Künstler ja über die Lizenzen genug, oder?

Check it out – Der Test: „Soll ich wirklich Popstar werden?"

• Ich bin hartnäckig und stur und treibe mit meinen Visionen alle in den Wahnsinn, aber kann unverschämt charmant grinsen.
Ja: 20 Punkte; Nein: -10 Punkte

• Ich habe keinen Job, der mich davon abhält, für Promotionaktivitäten rund zwei Monate während der Veröffentlichungsphase meines Debüts verfügbar zu sein.
Ja: 10 Punkte; Nein: 0 Punkte

• Auch wenn ich mit verwöhnten Promotern im Hilton wohnen darf, weil meine erste Single gut läuft, bleibe ich auf dem Boden der Tatsachen.
Ja: 10 Punkte; Nein: 10 Punkte

• Ich bin finanziell so unabhängig/anspruchslos, daß ich vom Vorschuß überlebe und die Zeit überbrücke, bis die GEMA ausschüttet und die Lizenzen ausbezahlt werden.
Ja: 10 Punkte; Nein: 5 Punkte

• Ich finde mich damit ab, daß mein Privatleben immer limitierter und immer öffentlicher wird.
Ja: 10 Punkte; Nein: 5 Punkte

• Ich habe genug schauspielerisches Talent, um im Video eine Rolle zu übernehmen.
Ja: 10 Punkte; Nein: 3 Punkte

Anekdote am Rande: Ich werde nie meine Geschäftsreise nach Wien vergessen, wo für das Chartprodukt Once Again ein teures Video mit den renommierten Produzenten Rossacher/Dolezal gedreht werden sollte. Die Story spielte in einem alten Schwimmbad; die meisten Szenen sollten unter Wasser gedreht werden. Als ich mit dem Künstler in Wien ankam(!), gestand dieser mir ganz kleinlaut, daß er gar nicht schwimmen könne...

• Ich verstehe mich mit meinen Bandmitgliedern so gut, daß ich am liebsten immer mit ihnen zusammen wäre.
Ja: 10 Punkte; Nein: 0 Punkte

• Nach dem ersten kommerziellen Erfolg habe ich nicht das Bedürfnis, mich als Underground-Künstler zu outen.
Ja: -10 Punkte; Nein: 0 Punkte

• Ich wünsche mir eine langfristige Karriere als Künstler.
Ja: 10 Punkte; Nein: 0 Punkte

Video-Anekdote, die Zweite: Komischerweise habe ich mehrfach mit Künstlerinnen zusammengearbeitet, die unmittelbar nach Vertragsabschluß schwanger wurden. Das hatte beim Videodreh einer Nachwuchskünstlerin zur Folge, daß wir wegen einsetzender Wehen mitten im Dreh aufhören mußten. Das Video wurde dann mit skurrilen Landschaftsaufnahmen aufgefüllt.

Auswertung

Über 100 Punkte
O.K., du bist ein echter Popstar und hast eine riesige Karriere vor dir.

70-100 Punkte
Du hast gute Chancen, aber überlege es dir gut, und mach lieber den Test noch einmal von vorne.

30-70 Punkte
Ich rate von der Popstar-Karriere ab. Versuch es doch mal als VIVA-Moderator.

Unter 30 Punkte
Zum Glück, du hast es kapiert, mach lieber eine solide Banklehre.

Adressen, Adressen, Adressen

Hier ein Liste von Adressen, an die Demos und Angebote geschickt werden können. Diese Liste kann nie aktuell und vollständig sein, dafür gibt es zuviele personelle Wechsel, zuviele Labels und zuviele verschiedene Musikrichtungen. Deshalb empfiehlt es sich, den aktuellen Ansprechpartner vorab telefonisch zu erfragen.

Die Adressen sind alphabetisch nach Firmen geordnet und geben Auskunft über den Ansprechpartner und dessen Spezialgebiet.

Arcade	Adresse	Stil, Funktion	A&R
Arcade	Hildebrandtstr. 4f 40215 Düsseldorf	A&R Manager	Joachim Uhrig Tel: 0211/93355

BMG	Adresse	Stil, Funktion	A&R
BMG München	Steinhauser Str. 1-3 81677 München	Head of A&R	Angelika Ruge Tel: 089/4136-393
		Dance	Uwe Freitag Tel: 089/4136-330
		Pop	A.P. Sporer Tel: 089/4136-382
		Rock	Thomas Büscher Tel: 089/4136-409
BMG Hamburg	Osterstr. 116 20259 Hamburg	Head of A&R	Axel Alexander Tel: 040/49069-227
		A&R Manager	Janine Becker Tel: 040/449069-226
		Junior A&R	Jörn Grimmer Tel: 040/449069-205
		Junior A&R	Imke Müller Tel: 040/449069-214
BMG Berlin	Wittelsbacherstr. 18 10707 Berlin	A&R Manager	René Rennefeld Andreas Stahn Tel: 030/88456-0
Logic Records	Strahlenbergerstr. 125a 63067 Offenbach	A&R Manager	Dirk Baur Tel: 069/8200080

EAMS	Adresse	Stil, Funktion	A&R
EAMS	Graflinger Str. 192 94469 Deggendorf	Head Of A&R	Helmut Oswald Tel: 0991/29026-18

Edel	Adresse	Stil, Funktion	A&R
Edel	Wichmannstr. 4 22591 Hamburg	Head Of A&R	Oliver Sittl Tel: 040/89085-0

EMI	Adresse	Stil, Funktion	A&R
EMI	Maarweg 149 50773 Köln	Head Of A&R	Peter Burz Tel: 0221/4902-2472
		Dance	Markus Ehinger Tel:0221/4902-2232
		Pop	Jörg Beuttner Tel: 0221/4902-2520
Intercord	Aixheimer Str. 25 70619 Stuttgart	Head Of A&R	Charlie Rothenburg Tel: 0711/4763-373
		Dance	Alexander Hettler Tel: 0711/4763-145
		Alternative	Martin Schuhmacher Tel: 0711/ 4763-191
Virgin	Herzogstr. 84 80803 München	Dance	Michael Brycz Tel: 089/38195-0
		A&R Manager	Michael Wolf Tel: 089/38195-0
Orbit	Schulterblatt 58 20357 Hamburg	Dance	Sascha Basler Tel: 040/432932-0

Polygram	**Adresse**	**Stil, Funktion**	**A&R**
Polydor	Glockengießerwall 3 20097 Hamburg	Abt. Modernes	Ulrich Wehner Tel: 040/3087-02
		Rock/Pop/Alternative	Joachim Harbich Tel: 040/3087-02
		Abt. Zeitgeist	Tom Bohne Tel: 040/ 3087-02
Motor	Holzdamm 57 20099 Hamburg	Dance	Jens Thele Tel: 040/3087-456
		Jazz	Christian Kellersmann Tel: 040/ 3087-622
		Pop/Rock	Petra Husemann Tel: 040/3087-594
Mercury	Holzdamm 57 20099 Hamburg	Head Of A&R	Clemens Fachinger Tel: 040/3087-708

Rough Trade	**Adresse**	**Stil, Funktion**	**A&R**
Rough Trade	Eickeler Str. 25 44651 Herne	Head Of A&R	Kurt Thielen Tel: 02325/697-0
		Dance	Thomas Peckruhn und Viron Zourlas Tel: 02325/697-0
		alles außer Dance	Dietrich Eggert Tel: 02325/697-0
V2	Leuschner Damm 31 10999 Berlin	Head Of A&R	Patrick Orth Tel: 030/615020

Semaphore	Adresse	Stil, Funktion	A&R
Semaphore	Andernacher Str. 18 90411 Nürnberg	A&R Manager	Kai Dehning Tel: 0911/95277-0

Sony	Adresse	Stil, Funktion	A&R
Dancepool	Postfach 101960 60019 Frankfurt	A&R Manager	Markus Wenzel und Nidal Sadeq Tel: 069/13888-484
Epic		A&R Director	Sina Farschid Tel: 069/13888-494
		A&R Manager	Henrik Kersten Tel: 069/13888-390
Epic/Epidrome		A&R Manager	Bela Cox und Dirk Dreyer Tel:069/13888-157; 069/13888-183
Columbia		A&R Manager	Sabrina Winter Tel:069/13888-262

SPV	Adresse	Stil, Funktion	A&R
SPV	Brüsseler Str. 14 30539 Hannover	Metal, Rock	Frank Ehlers Tel: 0511/87090
		Pop	Ingo Albes Tel: 0511/87090

Universal Music	Adresse	Stil, Funktion	A&R
Universal Music	Kaiser-Wilh.-Str. 93 20355 Hamburg	Head Of A&R	Verus von Plotho Tel: 040/35008-243
a:head		Dub, Drum & Bass	Walter Gröbchen Tel: 040/35008-253

Warner	Adresse	Stil, Funktion	A&R
East West	Heußweg 25 20255 Hamburg	Pop/Mainstream	Rita Flügge-Timm Tel: 040/49062-2204
		A&R Manager	Markus Hartmann Tel: 040/49062-218
		A&R Manager	Ingo Heinzmann Tel: 040/49062-326
		Alternative/Dance/House/Techno	Frank Strömer 040/49062-327
WEA	Arndtstraße 16 22085 Hamburg	Strategic A&R	Heinz-Gerd Lütticke Tel: 040/22805-0
		Head Of A&R	Marcus Bruhns Tel: 040/22805-0
		Senior A&R	Oliver Richter Tel. 040/22805-0
		Rock	Sonja Brüggemann Tel: 040/22805-0
		Dance	Stefan Friedrich Tel: 040/22805-0
		Label MAAD	Andreas Kappl Tel: 040/22805-0

Zyx	Adresse	Stil, Funktion	A&R
Zyx	Benzstraße 35797 Merenberg	Head Of A&R	Reinhard Piel Tel: 06471/505-0

Eine umfassende Übersicht über alle weiteren Firmen findet man im „Musikmarkt"-Branchenhandbuch (siehe Literaturverzeichnis).

... und weitere wichtige Adressen:

Demo-Placement
für Deutschland:
IDPC Demo-Placement
Postfach 730649
22126 Hamburg

für die Schweiz:
Recomp GmbH
Euro Haus
Rheinweg 7
CH-8200 Schaffhausen

für Österreich:
SaCom
Silenegasse 8, Haus 6
A-1229 Wien

Checkliste Demoversand

Ist das Demo fertig zum Versenden, sollte man diese Liste einmal durchgehen, um sicher zu sein, daß nichts vergessen wurde!

• Auswahl der Tonträgerfirmen ist getroffen, die zu meiner Musik passen.
Ja O   Nein O

• Namen des zuständigen A&Rs ist telefonisch erfragt für ein persönliches Anschreiben.
Ja O   Nein O

• Demokassette ist zurückgespult.
Ja O   Nein O

• Track 1 ist der entscheidende, d.h. der kommerziellste; möglichst im „Radio-Format".
Ja O   Nein O

• Kassette, CD oder DAT, inkl. Hülle des Tonträgers sind leserlich mit Titel, Interpret und Kontakt-Telefonnummer beschriftet.
Ja O   Nein O

• Absender (inkl. Ansprechpartner und Telefonnummer) ist im Anschreiben und nicht nur auf dem Briefumschlag vermerkt.
Ja O   Nein O

• Anschreiben ist kurz und eindeutig.
Ja O   Nein O

• Fotos, Biografie, Zeitungsausschnitte oder ähnliche Zusatzinformationen liegen bei.
Ja O   Nein O

• Gesamtverpackung ist originell, kreativ und auffällig.
Ja O   Nein O

• Der Umschlag ist richtig frankiert.
Ja O   Nein O

In der kleinen Pony-Bar
ist der Geiger Jonny Star -
er hat wildes Blut unter
seiner blassen Haut - ah!

Live kann er betören -
auf Platte ist er nie
zu hören - oh!

(Weil leider nicht
  unter Vertrag!)

VERTRAGSGESTALTUNG

D ie Zeiten, in denen gewichtige Absprachen zwischen Künstler und Plattenfirma nur mündlich geschlossen wurden, sind vorbei. Berührungsängste vor Verträgen sollte man schnell ablegen, denn diese bieten auch dem Laien Rechtssicherheit und Klarheit über seinen Status quo. In der Tat sollte man aber einen Anwalt, und zwar einen Spezialisten für Branchen-Verträge, einschalten, bevor man ein solches Papier unterschreibt.

Im folgenden will ich die wichtigsten Eckdaten eines Vertrages darstellen und auf die verschiedenen Vertragsarten im Tonträgerbusineß eingehen.

Heads Of Agreement

Üblicherweise verhandelt der A&R-Manager der Plattenfirma mit dem Künstler die wichtigsten Punkte des Vertrages. Die Absprachen bestätigt der A&R dem Künstler dann schriftlich in Form der sogenannten „Heads Of Agreement". Diese gehen an die jeweiligen Rechtsanwälte der beiden Parteien, die nun die weiteren Details verhandeln.

Die Heads Of Agreement sind Arbeitsgrundlage, bis der komplette Vertrag fertig ist. Dieser ist besonders bei Singledeals oft erst ausgehandelt, wenn man schon weiß, ob der eingekaufte Titel ein Flop oder ein Chart-Entry war. Die Veröffentlichung eines Titels vor Vertragsunterzeichnung seitens der Plattenfirma kommt natürlich nur bei im Hause bereits bekannten Vertragspartnern vor. Der ausgehandelte Vorschuß wird in jedem Fall erst nach beidseitiger Unterschrift überwiesen.

Kraß wird die Situation wie im Falle des Projektes „Warcraft": Hier liefen zähe Vertragsverhandlungen für den Singledeal, während die Single bereits auf den Markt kam und schon gute Promo-Resultate einfuhr. Der Lizenzgeber spekulierte offensichtlich darauf, daß er die Konditionen bei einem Chart-Entry nochmal in die Höhe treiben könnte. In der Tat schaffte die Single den Sprung auf die Warteliste der Charts. Die Vertragsverhandlung hatte sich in dem Moment aber so zugespitzt, daß die Plattenfirma sich gezwungen sah, die Single für zwei Wochen nicht auszuliefern. Die Folge war, daß zwar der Vertrag endlich unterschrieben wurde, aber die Single ihre Dynamik verloren hatte und den Sprung in die Charts nicht mehr schaffte. Pech und ziemlich ärgerlich für beide Parteien.

Die Vertragseckdaten

Lizenz

Die Lizenz ist das, was der Künstler an den CDs verdient. Genauer gesagt ist es die finanzielle Beteiligung des Künstlers an dem Verkaufserlös der Tonträger. Sie ist ein Prozentsatz, der auf den Händlerabgabepreis des Tonträgers berechnet wird.

So bedeuten z.B. 15 Prozent Lizenz, daß pro Album DM 3,- und pro CD Maxi DM 1,20 an den Künstler gehen, wenn man von dem ungefähren Händlerabgabepreis von DM 20,- für ein Album bzw. DM 8,- für eine CD Maxi ausgeht.

Bei den meisten Verträgen wird die Lizenz durch den sogenannten „Taschen- oder Hüllenabzug" (ca. 20 Prozent auf die ausgemachte Lizenz, also in unserem Beispiel DM 0,60 beim Album und DM 0,24 bei der CD Maxi) gemindert. Dadurch werden die Künstler über die Lizenzreduzierung an den Kosten für die Erstellung des Covers, also Fotosession, Grafikkosten etc., beteiligt.

Die übliche Regelung der Taschenabzüge bedeutet eine zweifelhafte und oft diskutierte Abwälzung der Kosten der notwendigen Verpackung. Sie ist aber so weit verbreitet, daß sie inzwischen jedem bekannt ist und damit einfach mit einberechnet wird. Auch bei einem Michael Jackson werden diese Abzüge geltend gemacht – ein Grund wohl, daß man diese Regelung bei neuen Verträgen nicht durchbricht. Bestünde doch bei großen Labels die Gefahr, daß internationale Künstler ihre Hüllenabzüge für die letzten Millionenseller rückwirkend einklagen.

Das Berliner Label V2 gab bei seiner Gründung medienwirksam bekannt, als eines der wenigen Labels auf die Taschenabzüge zu verzichten. Ob dies eine PR-Maßnahme ist, um Künstler auf sich aufmerksam zu machen, oder eine echte Erleichterung in der Vertragsgestaltung, mag jeder für sich selbst beurteilen.

Vorschuß

Der Vorschuß ist ein DM-Betrag, der mit Ablieferung des Masters an den Künstler gezahlt wird. Dieser Vorschuß soll den Künstlern ermöglichen, die Zeit bis zur quartalsweisen nachträglichen Lizenzabrechung zu überbrücken. Gerade bei Lizenzen aus dem Ausland oder aus Kopplungen vergeht einige Zeit bis zur Auszahlung. Das Lizenzeinkommen ist üblicherweise verrechenbar mit dem Vorschuß; bei einem Negativsaldo muß der Vorschuß aber nicht zurückgezahlt werden.

Bleiben wir bei obigem Beispiel und nehmen wir eine Vorauszahlung von DM 60 000,- für das Album an, so erhält der Künstler erst nach 20 000 (DM 60 000,- : DM 3,-) verkauften Alben weitere Lizenzen ausbezahlt. Verkauft das Album z.B. nur 10 000 Einheiten, kann der Künstler dennoch seinen Vorschuß behalten. Allerdings werden auch alle Lizenzen aus Folgeveröffentlichungen gegen diesen Vorschuß gerechnet.

Vertragsdauer und -umfang

Die vertraglich exklusive Bindung eines Künstlers ist selten unbegrenzt. So haben Udo Jürgens bei der BMG oder Karel Gott bei der Polydor zwar Deals bis ans Lebensende, aber das sind die großen Ausnahmen. Also muß man sich einigen, wie lange (Jahre) und/oder in welchem Umfang (Anzahl der Singles, Anzahl der Alben) man zusammenarbeiten will.

Im Vertragsdeutsch heißt das dann zum Beispiel: „Zwei Singles mit einer Option auf eine weitere Single." Die Option, also die Wahl, ob es zu einer weiteren Veröffentlichung kommt, liegt einseitig bei der Plattenfirma. Die wird dies von den Erfolgen der ersten beiden Singles abhängig machen und sich kurz vor Ablauf der Optionsfrist entscheiden.

Bindungsscheuen Künstlern muß man immer wieder erklären, daß eine Firma umso mehr Geld und Energie investiert, desto umfangreicher der Deal abgeschlossen wird. Eine vorzeitige Vertragsbeendung kommt nur in Einzelfällen vor. Geht sie von Seiten der Tonträgerfirma aus, wird's für diese teuer, denn sie muß den Künstler „ausbezahlen". Das heißt, dafür, daß die vertraglich zugesicherten Veröffentlichungen nicht mehr getätigt werden müssen, zahlt die Plattenfirma dem Künstler eine „Entschädigung". Das ist zwar bitter für die Plattenfirma, aber in diesen Fällen günstiger als die ganze Veröffentlichungs-Maschinerie in Gang zu setzen. Will der Künstler vorzeitig aus dem Vertrag raus, ist es schon schwieriger. Hier hört man immer wieder über wilde Streitereien im Stile von George Michael/Sony. Am besten man hat dann schon eine neue Plattenfirma, die einen rauskauft und damit von alten Veröffentlichungsverpflichtungen befreit.

Über den Vertragsumfang und die Vertragsdauer hinaus wird auch die Auswertungsdauer festgelegt. Diese reicht Jahre über die Vertragsdauer hinaus und ist die Zeitspanne, in der die Masterbänder von der Plattenfirma noch ausgewertet werden dürfen. Dieses Auswertungsrecht ist interessant, um Titel zu verkoppeln. Man kann immer gut beobachten, daß kurz bevor dieses bei einer Plattenfirma ausläuft, eine „Best Of" o.ä. auf den Markt kommt.

Vertragsgebiet

Generell muß man sich vertraglich darüber einigen, wo die Tonträger vertrieben werden dürfen. Üblich sind weltweite Vertriebsrechte, aber der Künstler kann seine Exklusivrechte auch für einzelne Länder vergeben. Inwieweit das sinnvoll ist, hängt vom Einzelfall ab. Gängige Eingrenzung des Vertragsgebiets ist GAS (Germany, Austria, Switzerland), insbesondere natürlich bei deutschsprachigen Interpreten.

Bei der internationalen Vernetzung der Majors sollte man sich gut überlegen, ob man einen Titel weltweit vergibt, wenn man selbst Kontakte zu Labelpartnern im Ausland hat. Wird der Titel ein Hit im Vertragsland, funktioniert die Maschinerie Major wunderbar, und man hat gute Chancen, auch im Ausland Erfolge einzufahren. Klappt es mit dem Titel im eigenen Land aber nicht, wird der Major ihn gar nicht den Schwesterfirmen im Ausland anbieten, da diese genug „Topprios" auf dem Tisch liegen haben. Gemäß Vertrag kann man üblicherweise erst drei Monate nach Veröffentlichung den Titel selbst im Ausland anbieten, da dann die Rechte an den Künstler zurückfallen – oft zu spät, um noch Erfolg zu haben.

Vertragsarten

Bandübernahmevertrag

Der Bandübernahmevertrag (auch „licence deal" oder „tape lease deal" genannt) ist die häufigste Vertragsart zwischen Plattenfirma und Musikschaffenden. Der Bandübernahmevertrag ist zeitlich und räumlich begrenzt, und die Vertragsdauer, der Vertragsumfang und die Auswertungszeit sind genau festgelegt. Wie schon der Name sagt, geht es hier um ein fertiges Band, also ein Master, das der Künstler bereits produziert hat.

Die Vertragspartner, also die Musikschaffenden, sind oft Produzenten mit dem Recht am Namen eines Projektes, die sich Interpreten suchen, sie unter Vertrag nehmen und die Aufnahme vorfinanzieren. Deshalb werden Bandübernahmeverträge insbesondere von den Künstlern oder Produzenten gewünscht, die ein eigenes Studio unterhalten. Der Vorschuß bei Bandübernahmeverträgen ist zur Deckung der vorfinanzierten Aufnahmekosten entsprechend hoch. Besonders häufig kommt diese Vertragsart bei Projekten vor, bei denen der performende Act austauschbar ist (z.B. bei E-Rotic wird die Sängerin ausgetauscht).

Ein musikalischer Einfluß des A&Rs ist hier also kaum möglich, denn er bekommt ja ein bereits fertiggestelltes Master angeboten – es sei denn, der Vertrag wird unter der Prämisse abgeschlossen, daß eine Nachbearbeitung nötig ist. Da die Plattenfirma „nur" das Recht am Band hat, ist der Vertragspartner im Gegensatz zum Künstlervertrag nicht exklusiv gebunden. Das heißt in der Praxis, daß zum Beispiel der Produzent Alex Christensen zwar unter dem Projektnamen „U 96" nur bei Motor Music veröffentlichen darf, aber zu jeder Plattenfirma mit anderen Projekten gehen darf.

Künstlervertrag

Der Künstlervertrag unterscheidet sich in wesentlichen Punkten vom Bandübernahmevertrag: Beim Künstlervertrag ist die Plattenfirma wirtschaftlicher Produzent, d.h. Eigentümerin der Masterbänder, und zwar zeitlich und räumlich (In- und Ausland) unbeschränkt.

Ein Künstler, also ein Interpret, wird langfristig und exklusiv ans Haus gebunden. Die Plattenfirma glaubt an sein kreatives Potential, seine Ausstrahlung, seine Personality, seine Bühnenpräsenz etc. Hier besteht ein großes Betätigungsfeld für den A&R: Er muß musikalisch beraten, bei der Auswahl der aufzunehmenden Titel helfen, ggf. Produzentenideen einbringen und kann mit dem ausgewählten „executive producer" Einfluß auf die Produktion nehmen. Die Tonträgerfirma übernimmt dafür die Organisation und vor allem die Kosten der Produktion bis zum fertigen Master.

Verglichen mit den Bandübernahmeverträgen werden hier aufgrund des hohen finanziellen Risikos der Produktion geringe Lizenzen und geringe Vorauszahlungen getätigt. Dabei hängen die Konditionen natürlich entscheidend von der Verhandlungsstärke, also dem Bekanntheitsgrad des Künstlers ab.

Werden bei Künstlerverträgen Videoclips produziert, finanziert die Plattenfirma diese vollständig. Im Gegensatz zu den Bandübernahmeverträgen findet hier keine 50prozentige Verrechnung der Kosten gegen die Künstlerlizenz statt. Auch hier gehört das Master unbeschränkt der Plattenfirma.

Produzentenvertrag

Ist nun ein Musiker per Künstlervertrag an eine Plattenfirma gebunden, heißt das ja noch längst nicht, daß dieser auch selbst Titel schreibt und/oder produziert. Ist der Künstler also „nur" Interpret, muß neben der Suche nach geeigneten Titeln auch der passende Produzent gefunden werden. Dieser wird von der Plattenfirma per Produzentenvertrag gesignt – nur für einzelne Titel oder für ein bestimmtes Album. Da der Produzentenvertrag den Künstlervertrag ergänzt, bleibt die Plattenfirma Eigentümer des Masters und trägt sämtliche Produktionskosten.

Früher gab es sogenannte Inhouse-Produzenten bei den Plattenfirmen, die im Angestelltenverhältnis (im eigenen Tonstudio der Plattenfirma) arbeiteten. Diese Zeit ist aber vorbei, heute wählt man musikalische Spezialisten aus, die frei arbeiten und fast immer ein eigenes Tonstudio haben. So wurden für die Albumproduktion des italienischen Danceacts ICE MC Nosie Katzmann (Culture Beat), David Brandes (E-Rotic) und Enrico Zabler (Masterboy) ausgewählt, die alle je vier Titel des Albums produzierten.

Üblicherweise wird der Produzent auch an den Tonträgerverkäufen beteiligt. Das heißt, die Plattenfirma zahlt über die Künstlerlizenz hinaus ca. zwei bis fünf Prozent Lizenz an den Produzenten, zuzüglich eines verhandelbaren Vorschusses. Die Regelung über eine „flat-fee", das heißt eine einmalige Zahlung an den Produzenten ohne Lizenzbeteiligung, ist eher selten.

Labeldeals

Immer wieder kommt es zu einer Zusammenarbeit von Plattenfirma und schon bestehenden oder noch zu gründenden Labels. Der Vertragspartner ist der Labelinhaber, der in der Praxis auch oft Produzent ist. Ein Label setzt sich aus einem Bündel von Verträgen mit verschiedenen Künstlern zusammen. Auch hier hat die Plattenfirma nur das zeitlich begrenzte Recht zur Veröffentlichung der Bänder des Labelpartners. Der Labelpartner muß nicht exklusiv für die Plattenfirma produzieren, aber üblicherweise wird hier ein „first option"-Recht eingebaut. Dies sichert der Plattenfirma den Erstzugriff auf ein Master, bevor der Labelpartner den Titel bei Drittfirmen anbieten darf.

Bei einem Labeldeal verläßt sich die Plattenfirma voll auf das kreative Know-how und die A&R-Nase des externen Labelpartners. Dieser bestimmt also über Veröffentlichungen, Artist-Roster und Marketing seines Labels. Intern (also in der Struktur einer Plattenfirma) wird so ein Label oft als „fremd" empfunden und ohne viel Herzblut „administriert", was schon so manchem engagierten Label das Aus einbrachte.

Vertriebsdeals

Vertriebsdeals werden zwischen Plattenfirma und Künstler oder zwischen Plattenfirma und Label geschlossen. Reine Vertriebsdeals sind bei den „major companies" zwar noch unüblich, aber es zeichnet sich eine neue Entwicklung ab: Künstler bauen ein festes Team um sich auf, das die gleiche „Chemie" hat, sie inspiriert und auf dessen Kompetenz sie vertrauen. Dieses Team agiert außerhalb der Plattenfirma, und manche erfolgreiche, also „mächtige" Künstler setzen durch, daß die Plattenfirma nur noch administrative und vertriebliche Aufgaben übernimmt. Der gesamte kreative Bereich (Covergestaltung, Videoproduktion etc.) bleibt im Umfeld des Künstlers. So schlossen die Toten Hosen mit East West oder Otto mit der Polydor nur einen Vertrag über den Vertrieb der Tonträger ab, der den Künstlern größtmöglichen kreativen Einfluß sichert.

Im Gegensatz zu den Majors schließen kleinere Mailorder- und Vertriebsfirmen reine Vertriebsdeals auch über einzelne Veröffentlichungen ab. Hier einige der vielzähligen Firmen (das Branchenhandbuch liefert die gesamte Liste):

99 Records
Richard-Wagner-Str. 48-50
10585 Berlin
Tel: 0 30/3 47 90 00

Discomania Musikvertriebs GmbH
Raiffeisenstr. 2-4
61191 Rosbach
Tel: 0 60 03/9 10 00

Roadrunner Records Musikproduktions und Verlags GmbH
Aachener Str. 209
50931 Köln
Tel: 02 21/9 40 52 60

EFA Medien GmbH
Billwerder Neuer Deich 72
20539 Hamburg
Tel: 0 40/7 89 17 00

Play It Again Sam
P.I.A.S. Deutschland
Spaldingstr. 74
20097 Hamburg
Tel: 0 40/23 10 11

Anwalt, ja oder nein?

Die Empfehlung heißt deutlich: Ja! Allerdings sind damit Kosten verbunden. Doch da man als Laie keine Übersicht über gängige Konditionen, Fallstricke etc. haben kann, verringert der Gang zum Anwalt die Fehlerquote und stärkt die eigene Position. Aber Achtung: Wenn man zum Anwalt geht, dann doch bitte zu einem Spezialisten und Branchenkenner, also einem Musikanwalt, der die Gepflogenheiten und ungeschriebenen Gesetze kennt.

Nachstehend in alphabetischer Reihenfolge eine Auswahl bekannter Rechtsanwälte, die sich aufs Musikbusineß spezialisiert haben:

Adressen, Adressen, Adressen

Stefan Beutler
Hallerstr. 40
20146 Hamburg
Tel: 0 40/4 50 30 80

Norbert Dzierzenga
Eifelstr. 29
50677 Köln
Tel: 02 21/9 32 02 77

Matthias Gottschalk
Hutfeldstraße 5
82152 München
Tel: o 89/8 59 91 78

Götz Kiso
Abteistr. 57
20149 Hamburg
Tel: o 40/41 99 91 50

Kornmeier, Schardt &
Schulz
Wolfgangstr. 83
60322 Frankfurt a. M.
Tel: o 69/5 96 20 81
oder
Hohenzollerndamm 55
14199 Berlin
Tel: o 30/8 23 54 10

Lichte, Schramm &
Scheuermann
Arnold-Heise-Str. 23
20249 Hamburg
Tel: o 40/4 80 88 00
oder
Knesebeckstr. 30
10623 Berlin
Tel: o 30/88 55 20 30
oder
Ubierring 7
50678 Köln
Tel: 02 21/9 31 82 55

Robert Poerschke
Moorweidenst. 8
20148 Hamburg
Tel: o 40/44 04 21

Axel Schwarzberg
Leibnitzstr. 47
10629 Berlin
Tel: o 30/3 23 40 14

Zimmermann & Decker
Jakobikirchhof 8
20095 Hamburg
Tel: o 40/3 25 46 00

* arbeitsloser Akademiker,
  in Ermangelung musikalischen
  Talentes am Computer
  improvisierend
(mit Top Ten-Garantie)

DER MUSIKVERLAG

Wohl unbestreitbar gibt es musikalische Köpfe, die einfach nichts auf der Bühne zu suchen haben. Gemeint sind die, die grandiose Melodien schreiben oder geniale Texte verfassen, aber lieber im Hintergrund bleiben wollen. Ohne Frage sind diese Leute genauso wichtig wie der charismatische Bühnenstar – beide brauchen sich gegenseitig. Ein Musikverlag ist an den Menschen im „Hintergrund" interessiert, denn er hat die Aufgabe, Texter und Komponisten zu vermarkten und ihre Rechte zu schützen.

Unterschied Plattenfirma – Musikverlag

Von Laien wird dieses Begriffspaar immer wieder durcheinandergeworfen. Zwar findet man teilweise beide unter einem (Konzern-)Dach, wie z.B. Warner und der Verlag Warner/Chappell; es sind aber unabhängig voneinander agierende Unternehmensbereiche.

Während die Plattenfirma für Produktion und Vertrieb von Tonträgern zuständig ist, verwertet der Musikverlag das „geistige Eigentum" kommerziell. Unter „geistigem Eigentum" versteht man eine Komposition oder einen Text. Das heißt, daß für einen Verleger nur diejenigen überhaupt interessant sind, die selbst komponieren und/oder texten.

Ähnlich wie bei den Tonträgerfirmen gibt es auch bei den Verlagen die „Big Five": EMI Publishing, Warner/Chappell, BMG, Sony und Polygram. Man faßt diese Verlags-Majors schon wegen ihrer Verbandelung mit den großen Tonträgerkonzernen gerne unter dem Begriff Industrieverlage zusammen, denn sie teilen sich den Markt so ziemlich untereinander auf. Allerdings herrscht schon Wettbewerb, denn das Label einer Tonträgerveröffentlichung muß nicht unbedingt zum gleichen Konzern wie der Verlag gehören. So ist Sabrina Setlur bei der Tonträgerfirma Sony unter Vetrag, läßt ihre Verlagsrechte aber über Polygram Songs schützen.

Diese Großverlage verwalten kaum vorstellbare Mengen an Copyrights, vor allem natürlich von ihren Schwesterfirmen in Amerika und Großbritannien. Aber auch bei den deutschen Kompositionen haben sie eine Marktmacht, die es ihnen ermöglicht, interessante Urheber mit horrenden Vorauszahlungen an sich zu binden. Deshalb wird der Verlag im Scherz die „Bank" genannt. Die Akquisition von Komponisten bezieht sich dabei nicht nur auf talentierte Newcomer, sondern ganze Editionen und Kataloge werden aufgekauft. Jüngstes Beispiel ist der gesamte Aufkauf des Kataloges von Sting durch EMI Publishing.

Und neben den „Big Five"?

Insgesamt gibt es rund 15 Großverlage, die den Markt kontrollieren. Darüber hinaus gibt es in Deutschland 400 weitere Verlage, die im Deutschen Musikverlegerverband (DMV) mit Sitz in Bonn organisiert sind. Der DMV berät auch kleine und junge Verlage und hält wertvolles Informationsmaterial bereit.

Neben den „Big Five" gibt es unabhängige Verlage, also solche, die ohne eine internationale Vernetzung mit Großkonzernen arbeiten. Im Mittelstand gibt es in Deutschland vor allem Verlage, wie Meisel in Berlin, die historisch aus einem ursprünglichen Produktionsbetrieb heraus entstanden sind. Diese unterhalten zum Teil noch heute Studios und sind oft Familienbetriebe.

Kleine Verlage entstehen zumeist, indem sich der Entdecker eines neuen Talents die Verlagsrechte frühzeitig sichert. Die Gegenleistung kann vielfach sein, doch gerade im Bereich Promotion hat sich die Vergabe der Verlagsrechte etabliert. So bietet z.B. der Kick Musikverlag sehr erfolgreich seine Promotionleistung gegen die (Co-)Verlagsrechte an. Immerhin sind bei Kick bedeutende Künstler wie Marius Müller-Westernhagen, Herbert Grönemeyer oder Pur unter Vertrag. Ganz offensichtlich schließt der Verlag hier geschickt eine Bedarfslücke, die bei der Plattenfirma immer wieder aufklafft.

Desweiteren gibt es eine große Anzahl von „Kleinstverlagen", die vielleicht fünf bis sechs Künstler im Jahr entdecken, unter Vertrag nehmen und betreuen. Dies sind wahre Kreativzellen und gehören meist einer bestimmten musikalischen Szene an, in der sie ihre Nische finden. Hier können sie viel schneller, flexibler und kompetenter reagieren als ein „Großer". Was hier auf kleiner Flamme gekocht wird, ist mit der Independentszene im Tonträgerbereich zu vergleichen. Nicht der große Vorschuß lockt den Komponisten, sondern eine intensive Beratung, die oft auch mit Managementfunktionen einhergeht. So hat der kleine Hamburger Verlag Scoop die Trip-Hop-Formation „Czech" zu einem Zeitpunkt unter Vertrag genommen, zu dem andere Verlage noch nicht eingestiegen wären. Der Aufbau dieser Künstler vom ersten Demo bis zum Albumdeal bei der Virgin zeigt, was ein Verlag heute leisten kann und muß.

Muß man einen Verleger haben?

Nein, man muß nicht. Man sollte genau überlegen, ob man einen Verleger braucht und vor allem, wozu man ihn braucht. Schließlich partizipiert der Verlag nicht unerheblich an den GEMA-Einnahmen des Komponisten: Von den GEMA-Ausschüttungen aufgrund von Tonträgerverkäufen (mechanisches Recht) erhält der Verlag üblicherweise 40 Prozent, bei Ausschüttungen aus dem Aufführungsrecht (Radioeinsätze, Liveauftritte etc.) bekommt der Verlag 4/12.

Seine Titel kann man auch bei einer Plattenfirma veröffentlichen, ohne verlaglich gebunden zu sein. Man sollte dann aber wenigstens GEMA-Mitglied sein, um Einnahmen aus dem Aufführungsrecht abgerechnet zu bekommen. Auf dem Cover und bei der GEMA-Anmeldung wird anstelle der Verlagsangabe dann „Copyright Control" vermerkt. Wenn man nachträglich bei einem Verlag unterschreibt, meldet dieser dies der GEMA nach.

Auch ohne Verlagsdeal ist das Inkasso der GEMA gewährleistet (Voraussetzung ist, daß man GEMA-Mitglied ist), und die Lizenzabrechnung der Plattenfirma erfaßt die Verkäufe des Tonträgers. Ist man also pfiffig genug, die Abrechnungen zu durchblicken und bereit, die Administration zu übernehmen, spart man sich die übliche 40prozentige Marge an den Verlag und kann sie selbst einstreichen.

Bei verlagsfreien Plattendeals „bitten" die A&R-Manager der Tonträgerfirmen, je nach Maßgabe der Firmenpolitik, doch einen Verlagsdeal im Hause abzuschließen. Dies sollte man aber genau prüfen und sich von anderen Verlagen Gegenangebote holen. Es ist zwar nicht rechtswidrig, daß die Abgabe der Verlagsrechte gleich mit in den Plattendeal integriert wird, aber eine unschöne Sitte bei kleineren Labels. Dies ist von der Labelseite aus gesehen durchaus verständlich, denn es ist meist eine wirtschaftliche Notwendigkeit, um existieren zu können. Auf jeden Fall sollte man aber die Rechte per getrenntem Vertrag übertragen und genau festlegen, welche Gegenleistung denn vom Label erbracht wird. Auf vermeintlich lukrativer „Rechtejagd" sind nämlich alle, seit das Phantom der tonträgerlosen Musikübertragung per Digitaltechnik, Internet etc. Formen annimmt.

Aufgaben eines Verlegers

Die großen Verlagshäuser sind alle ähnlich organisiert und unterteilen sich in die Abteilungen Copyright, Abrechnung, Recht, Buchhaltung und den kreativen Bereich. Hier gibt es eigene A&R-Manager, die wie ihre Kollegen bei den Plattenfirmen „frisches Blut", d.h. hier neue Kompositions-Talente, suchen und unter Vertrag nehmen. Im Vergleich zur Tonträgerindustrie ist der Verwaltungsapparat aber vergleichsweise gering: In der deutschen Niederlassung von Polygram Songs arbeiten gerade mal zehn Personen.

Die Aufgaben sind vielfältig und gehen über die reine Administration und Geldverwaltung hinaus. Man sollte sich also seinen Verlagspartner genau anschauen, bevor man sich bindet. Gerade bei jungen und neuen Bands und Musikern, die selbst Titel schreiben, führt der erste und richtige Weg zum Verleger. Dieser gibt ihnen kreativen Input, hilft ihnen beim Aufbau ihres Songmaterials, ihres Images etc. Manche Verlage finanzieren erste Demos oder haben sogar selbst ein eigenes Tonstudio (z.B. Peer-Musikverlag, Hamburg), das sie zur Verfügung stellen. Der Verleger steht mit Rat und Tat zur Seite und bringt seine Kontakte auf der Suche nach dem Plattendeal ein. Im Idealfall präsentiert der Verleger seinen „Schützling" bei den Tonträgerfirmen und verschafft ihm einen Deal. Er organisiert das Merchandising der Band, stellt eine Zusammenarbeit mit einem Konzertveranstalter her oder übernimmt sogar selbst das Booking.

Je nach Druck der jeweiligen Plattenfirma und des Komponisten beteiligt sich der Verleger auch finanziell oder mit Manpower an der Vermarktung des Tonträgers. So ist schon mal ein Zuschuß zur Videoproduktion drin, wird Unterstützung im Bereich der Funkpromotion geleistet etc.

Der Verlagsvorschuß ist eine nicht zu verachtende finanzielle Spritze, die so manchen erstmal über Wasser gehalten hat. Der Vorschuß wird in der Regel mit den GEMA-Einnahmen verrechnet, muß aber, genauso wie bei den Plattendeals, nicht zurückbezahlt werden. Bei einigen Verlagen scheint es allerdings eine Tendenz zu geben, bei Newcomern die Vorschüsse nur als Darlehen auszubezahlen – also tapfer verhandeln!

Die Refundierung (Verrechnung) des bezahlten Vorschusses erfolgt, indem nur die Autorenanteile gegengerechnet werden. Hier passieren Neulingen oft Rechenfehler, denn der Verlagsanteil wird nicht miteinbezogen. Zur Verdeutlichung sei hier ein Beispiel aufgeführt:

Der Komponist hat vom Verlag DM 12 000,- als Vorschuß erhalten. Der Einfachheit halber nehmen wir an, daß pro verkauftem Tonträger die GEMA DM 2,- an den Verlag ausschüttet. Davon stehen dem Komponisten 60 Prozent, also DM 1,20 zu, die verbleibenden 80 Pfennige bekommt der Verlag. Um seinen Vorschuß zu recoupen, das heißt „zurückzuverdienen", werden auch nur diese 60 Prozent einberechnet. Also bekommt der Komponist erst nach 10 000 verkauften Tonträgern weiteres Geld vom Verlag. Bei dieser Rechnung wurde nur das mechanische Recht zugrunde gelegt, Einnahmen aus dem Aufführungsrecht sind im Normalfall zusätzlich zu erwarten.

Übrigens, Urheber, die regelmäßige GEMA-Einkünfte nachweisen können, bekommen durchaus auch von der GEMA einen Vorschuß gewährt! Dieser muß formlos bei der GEMA beantragt werden.

Ferner vertritt der Verleger professionell die Urheberrechte des Komponisten sowohl im In- als auch im Ausland. Er übernimmt die Anmeldung der Titel bei der GEMA, bietet Verlagssongs weiter an, z.B. bei bereits etablierten Künstlern, die selbst Titel suchen.

Und welcher Künstler kennt sich schon selbst mit dem ausländischen Urheberrecht aus, durchschaut die Strukturen der Verwertungsgesellschaften, kann die Lizenzabrechnung der Tonträgerhersteller lesen oder weiß, was er für seinen Notenabdruck bekommt?

Ein weites, größtenteils neues Betätigungsfeld eröffnet sich den Verlegern durch die neuen Medien: CD-ROM-Hersteller, PC-Game-Entwickler und Internet-Bastler wollen alle Musik einsetzen. Die aktive Akquisition dieser Geschäftsfelder geschieht vermehrt durch die Verleger, wie es auch inzwischen bei TV- und Werbemusik praktiziert wird.

Der Verlagsdeal

Möchte ein Texter oder Komponist einen Verlagsvertrag abschließen, sollte er sich zunächst darüber klar werden, welche Aufgaben der Verleger für ihn übernehmen soll. Diese Pflichten seitens des Verlegers sollten genau spezifiziert werden, z.B. Anmeldung der Titel bei der GEMA, Kontrolle der GEMA-Ausschüttungen, Plattendeal ranschaffen, 20 Konzerte pro Jahr organisieren (lassen).

Bei den großen Verlagen, die mehr als „Bank" fungieren, sollte der Anbieter den verlockenden Vorschuß mit dem von befreundeten Künstlern vergleichen und ruhig mal selbst seine zu erwartenden GEMA-Einkünfte hochrechnen.

Ein Urheber ist nicht verpflichtet, sein Gesamtwerk dem Verleger zu überlassen, sondern kann ihn auch an einzelnen Titeln beteiligen, z.B. zehn Albumtitel und fünf Livetitel. Auch der zeitliche Aspekt ist bei jedem Vertrag beliebig aushandelbar. So schließt der Komponist für einige Jahre exklusiv einen Vertrag mit einem Verleger, in dessen Zeitraum er alle Titel in den Verlag einbringen muß. Dieser Zeitraum wird oft durch den Zusatz „bis der Vorschuß zurückverdient wurde" ergänzt. Im schlechten Fall kann die Bindung also deutlich länger dauern.

Auch eine zeitliche Begrenzung der Auswertungszeit der Titel durch den Verlag ist möglich und sinnvoll, denn schließlich schüttet die GEMA an den Urheber bzw. seine Nachkommen bis 70 Jahre nach dem Tod aus. Newcomer müssen meist ihre Titel „lebenslang" vergeben, aber mit steigendem Bekanntheitsgrad ist ein Rückfall der Rechte nach sieben bis zehn Jahren durchaus verhandelbar. Eine zeitliche Begrenzung des Vertrages von unter drei bis fünf Jahren ist unüblich und macht aufgrund der Ausschüttungsverzögerung der GEMA auch keinen Sinn.

Das übliche Teilungsverhältnis von 60:40 (60 % für den Künstler, 40 % für den Verleger) beruht auf den Ausschüttungen der GEMA, ist aber kein fester Wert für einen Verlagsdeal. Mit anderen Worten: Wer gut verhandelt, bekommt durchaus Verlagsdeals zu anderen Konditionen (70:30 etc.). Mit Überweisung des 60prozentigen GEMA-Satzes bekommt man dann vom Verlag nochmal die in diesem Beispiel zehn Prozent Differenz überwiesen.

Edition als Lösung?

Wem das übliche Teilungsverhältnis zwischen Verlag und Komponist von 40:60 zu „teuer" ist, der kann eine eigene Edition gründen. Die Edition ist als ein Zwischenschritt zur Gründung eines eigenen Verlags zu sehen. Sie ist im Prinzip ein kleiner Verlag, der einem großen Verlag angeschlossen ist, aber einiges an administrativer Arbeit selbst erledigen muß. Das Teilungsverhältnis der GEMA-Ausschüttungen verbessert sich dann je nach Verhandlungsstärke auf circa 20:80 Prozent der Brutto-Einnahmen.

Wie bei einem Label im Tonträgerbereich müssen bei einer Edition auch Drittkünstler ihre Copyrights einbringen. Ich kann als Komponist also keine Edition gründen, die nur meine eigenen Kompositionen enthält. Daher ist die Editionsarbeit begabten Talentscouts zu empfehlen, die nicht selbst den ganzen Administrationsapparat bewältigen können oder wollen. Man muß lediglich das Know-how haben, entsprechend weitere Komponisten an sich binden und einen Verleger finden, der dabei mitmacht und es finanziert.

WAS BRAUCH' ICH
SCHWARZE HOS'N?
WAS BRAUCH' ICH
ROTEN MOHN?
HOLLERI HOLLERA ...

＊ GVL-Mitglieder, singend

DIE VERWERTUNGS-
GESELLSCHAFTEN

Zu diesem abstrakten Begriff fallen dem gemeinen Plattenfirmen-Angestellten gerade noch die Abkürzungen GEMA und GVL ein. Sie zu erklären, fällt den meisten schon schwer. Musiker kommen da meist ein Stück weiter, stocken im Detail aber auch.

Hier ein Erklärungsversuch: GEMA und GVL sind beide Verwertungsgesellschaften und schützen treuhänderisch ihre Mitglieder. Die GEMA ist für die Urheber (z.B. Texter, Komponisten) zuständig, während die GVL die ausübenden Künstler (z.B. Interpreten, Musiker, Produzenten) schützt.

Die Tonträgerfirmen haben alle je nach Konzernzugehörigkeit Rahmenverträge mit Verwertungsgesellschaften im In- oder Ausland abgeschlossen. Was in Deutschland die GEMA ist, ist in ähnlicher Form in Amerika ASCAP, BMI und Harry Fox, in England PRS und MCPS, in den Niederlanden BUMA und STEMRA etc. Diese Abkürzungen sind auf vielen Cover-Rückseiten von Tonträgern zu finden.

Grundlage von GEMA und GVL ist das Urheberrechtsgesetz, das die „persönliche geistige Schöpfung" schützt. Diese Schöpfung ist in der Musikbranche nichts anderes als ein Text, eine Melodie oder die Bearbeitung eines Musikstücks.

GEMA

Die Abkürzung GEMA steht für „Gesellschaft für musikalische Aufführungs- und mechanische Vervielfältigungsrechte". Die Generaldirektion befindet sich in der

Bayreuther Str. 37-38
10787 Berlin
Tel: 0 30/2 12 45-00
Fax: 0 30/2 12 45-9 50

und in der

Rosenheimerstr. 11
81667 München
Tel: 0 89/4 80 03-00
Fax: 0 89/4 80 03-9 69

In München ist die Direktion „Mitglieder", die die Anmeldungen für eine GEMA-Mitgliedschaft entgegen nimmt.

Die GEMA untersteht dem deutschen Patentamt und damit der Justizbehörde. Sie ist ein wirtschaftlicher *Verein* und darf deshalb keine Gewinne machen. Sie arbeitet ausschließlich für ihre Mitglieder, nimmt deren Urheberrechte bei der Nutzung von Musik wahr und betreibt das Inkasso. Etwa drei Millionen Werke sind inzwischen bei der GEMA dokumentiert und stellen das Weltrepertoire an geschützter Musik dar, das durch die Gegenseitigkeitsverträge mit Schwestergesellschaften in aller Welt von der GEMA vertreten wird. 1997 waren etwa 45 000 Texter, Komponisten und Verleger Mitglieder.

Die GEMA regelt genau, wieviel Musik auf welchen Tonträger „darf". So liegt bei CD-Maxi-Veröffentlichungen die Höchstgrenze bei 20 Minuten Spieldauer und vier verschiedenen Tracks.

Tonträger	Gesamtspieldauer	Anzahl verschiedener Tracks
Single (Vinyl)	8 min	2
EP (Vinyl)	20 min	6
LP (Vinyl)	60 min	16
Maxi (Vinyl)	16 min	4
Maxi-CD	20 min	4
Album-CD	80 min	18
MC	60 min	16

Soviel darf auf die Scheibe – sonst kostet es Überlizenz

Besteht die CD-Maxi nur aus einem Titel mit verschiedenen Versionen, wie man es im Dancebereich häufig findet, zählt nur die zeitliche Obergrenze. Werden die Grenzen überschritten, wird eine Überlizenz errechnet, die der Tonträgerhersteller pro verkaufter CD zahlen muß.

Wie werde ich Mitglied?

Mitglieder der GEMA können Komponisten, Texter und Verleger werden. Um Mitglied zu werden, muß man einen *Berechtigungsvertrag* anfordern und diesen ausgefüllt zurücksenden. Die Mitgliedschaft beginnt rückwirkend zum 1. Januar eines Jahres und kostet eine einmalige Aufnahmegebühr von DM 100,- zuzüglich DM 50,- Jahresbeitrag.

Bei diesen moderaten Preisen sollten alle Urheber Mitglieder werden, um ihre Rechte vertreten zu lassen. Eine interne „Weiterverrechnung" der Ausschüttung, wie es aus Kostengründen bei Bands oft üblich ist, die gemeinsam komponieren, ist nur im frühesten Anfangsstadium sinnvoll.

Mit Beitritt werden die folgenden Rechte u.a. an die GEMA übertragen:

- das mechanische Vervielfältigungs- und Verbreitungsrecht (z.B. CDs werden gefertigt und verkauft)
- das Senderecht für Funk und Fernsehen (z.B. Titel läuft im Radio oder im Hintergrund einer Fernsehsendung)
- das musikalische Aufführungsrecht (z.B. bei einem Konzert; egal, ob mit oder ohne Text)
- das Recht der öffentlichen Wiedergabe vom Tonträger (z.B. in der Diskothek)

Anmeldung in grün

Mit der Mitgliedschaft geht der Formularkrieg erst los. Denn jedes Werk, jeder Titel muß angemeldet werden. Dies geschieht mit dem Ausfüllen des berühmten grünen Anmeldebogens (siehe nächste Seite) – eine Aufgabe, die gerne den Verlegern überlassen wird. Das Erfassen der Komposition dauert einige Wochen und wird dann mit Vergabe einer Datenbankwerknummer bestätigt.

Hat ein Werk mehrere Urheber, liegt ein sogenanntes Copyright-Splitting vor. Den Berechtigten ist es dann möglich, die Anteile selbst zu definieren und dies der GEMA für die Ausschüttung per Sonderformular mitzuteilen. Das heißt zum Beispiel, drei Komponisten teilen sich die GEMA-Ausschüttung im Verhältnis 50 : 25 : 25.

Geld – wann und wofür?

Die Verteilung der Gelder füllt ein eigenes Lehrbuch, doch sollte man die folgenden Eckpunkte und Quellen kennen:

Aus Tonträgerverkäufen
Jede Plattenfirma ist verpflichtet, ihre Veröffentlichungen der GEMA zu melden. Da-

GEMA-ANMELDEBOGEN
FÜR ORIGINALWERKE
(Auszufüllen bei Erstanmeldung für jedes Werk einzeln
in Druckschrift oder mit Schreibmaschine)

GEMA-DATENBANKNUMMER
(wird von der GEMA ausgefüllt)

1. WERKTITEL

2. GATTUNG — Opus:............ Tonart:...........

3. SPIELDAUER — MIN. SEK. (Dauer einzelner Werkteile bitte auf einem Extra-Blatt hinter dem jeweiligen Titel angeben)

4. FOLGENDE MELODIEN, MOTIVE ODER TEXTTEILE ANDERER URHEBER WURDEN VERWENDET:
ORIGINALTITEL:..............................
URHEBER:..............................
NAME — VORNAME — UMFANG

5. KOMPONIST
1..............................
2..............................
BEARBEITER*
3..............................
(*Sofern das bearbeitete Original urheberrechtlich frei ist)
4..............................
NAME — VORNAME — AKTENNUMMER

6. BESETZUNG
(Originalfassung)
ANZAHL DER SELB-STÄNDIG GEFÜHR-TEN STIMMEN: SOLI CHOR KL.ORCH. GR.ORCH. ANZAHL DER SPIELER DRUCK: JA NEIN

7. TEXTDICHTER
(Originalfassung)
1..............................
2..............................
3..............................
4..............................
NAME — VORNAME — AKTENNUMMER
SPRACHE:

Weitere Textierung in einer anderen Sprache
NAME — VORNAME — AKTENNUMMER
SPRACHE:
TITEL:

8. VERLAG
(Vollständige Firmenbezeichnung)
1..............................
2..............................
3..............................
AKTENNUMMER

Datum des Verlagsvertrages — Datum des Erscheinens im Druck
Sind dem Verleger die Aufführungs-und mechanischen Vervielfältigungsrechte von den Urhebern für den Fall, daß diese keiner Verwertungsgesellschaft angehören, vorsorglich zur treuhänderischen Verwaltung übertragen worden? JA NEIN
Ausnahmen im Verlagsvertrag
(Vertragsdauer, Gebiet, Schlüssel):

9. BEARBEITER
(der Druckausgabe)
NAME — VORNAME — AKTENNUMMER
Besetzung der Bearbeitung:
Erscheinungsdatum der Bearbeitung im Druck:

10. UNTERTITEL
(bzw. Titel od. Textan-fänge einzelner Werkteile)

11. TONTRÄGER
(BILDTONTRÄGER) — INTERPRET:

12. ERKLÄRUNGEN
Diese Werkanmeldung erfolgt gemäß §5 des Berechtigungsvertrages zugleich für die (übrigen) Urheber des Werkes. Soweit das Werk als verlegt angemeldet wird, wird versichert, daß mit dem / den Urheber(n) ein Verlagsvertrag im Sinne des Gesetzes über das Verlagsrecht vom 19.6.1901 geschlossen worden ist.
Es wird versichert, daß alle Angaben auf diesem Anmeldebogen nach bestem Wissen und Gewissen gemacht wurden.

13. UNTERSCHRIFT
(Stempel und Unterschrift des Anmeldenden, bei Verlagen des Zeichnungsberechtigten)
AKTENNUMMER — DATUM — UNTERSCHRIFT

14. GEMA-VERMERKE
EINGANG — BELEGNUMMER — REGISTRIERT

Dok 28 — Postanschrift: GEMA, Postfach 30 12 40, 10722 Berlin — Erklärungen s.Rückseite

GEMA-Anmeldebogen

9 8

mit muß sie auch pro verkauftem Tonträger an die GEMA einen bestimmten Prozentsatz abführen. Dieser Prozentsatz rangiert je nach Größe der Firma von 9,306 Prozent (Sonderabkommen der Majors mit der GEMA) bis 11,6325 Prozent bei Indies; jeweils berechnet auf den Händlerabgabepreis, also nicht dem Endverkaufspreis des Tonträgers. Die Untergrenze, das heißt die mindestens an die GEMA zu zahlende Lizenz, beträgt DM 1,25 pro Tonträger.

Die Gelder, die durch den Verkauf von Tonträgern eingenommen werden, werden nach Einbehaltung der GEMA-Kommission von rund 6,9 Prozent individuell pro Tonträger abgerechnet. So bekommt jeder Urheber rückwirkend pro Quartal seinen Anteil pro verkauftem Tonträger.

Ist der Urheber verlagsgebunden, erhält er nach GEMA-Split 60 Prozent, der Verlag 40 Prozent der Ausschüttung.

Für die nachstehenden Einnahmequellen Live-Aufführung und Airplay beträgt der GEMA-Split 8/12 (also 66,666 Prozent) für den Urheber, 4/12 (also 33,333 Prozent) für den Verleger.

Für Live-Aufführung

Die Gelder für Live-Auftritte gibt es jeweils zum 1. April eines Jahres rückwirkend für das Vorjahr. In der GEMA-Sprache wird das mit dem Kürzel „U" gekennzeichnet und mit einem von Jahr zu Jahr schwankenden Punktewert multipliziert.

Notwendig für diese Ausschüttung ist, daß der Veranstalter brav zu jedem Konzert das „Musikfolge-Formular" (siehe nächste Seite) mit den gespielten Titeln ausgefüllt und bei der zuständigen GEMA-Bezirksdirektion eingereicht hat.

Wie wichtig es ist, die Live-Aktivitäten zu erfassen, zeigt sich beim ominösen „M"-Zuschlag, der bei den Abrechnungen der GEMA auftaucht. Dies ist ein Zuschlag für die mechanische Wiedergabe, auch „Kneipen-GEMA" genannt, der die live erspielten GEMA-Einnahmen erheblich erhöhen kann. Ein rotes Tuch für alle Danceproduzenten, die nicht auftreten können. Denn: Die von der GEMA erfaßten Liveauftritte sind Grundlage zur Berechnung des „M-Zuschlags". Weitere Bedingung für den Zuschlag ist, daß der live gespielte Titel bereits auf Tonträger veröffentlicht und bei der GEMA als solcher gemeldet ist.

Für Airplay

Jeweils zum 1. Juli des Jahres werden die Gelder für die Sendung der Tracks in Funk und TV im Vorjahr ausgeschüttet. Für die minutiöse Erfassung der in Radio und Fernsehen gesendeten Werke müssen die öffentlich-rechtlichen und einige private Sender der GEMA eine Programmfolge zur Verfügung stellen. Dies ist ein Protokoll der von den Radiostationen eingesetzten Titel. Bei der Ausschüttung wird nach Reichweite des Senders gewichtet. An einem Einsatz auf dem großen Sender NDR 2 verdient man zum Beispiel deutlich mehr als bei der gleichen Ausstrahlung beim kleineren Sender Radio Hamburg.

Bei großer Airplaypräsenz bietet sich an, eine Einzelaufstellung von der GEMA

GEMA

GESELLSCHAFT FÜR MUSIKALISCHE AUFFÜHRUNGS-
UND MECHANISCHE VERVIELFÄLTIGUNGSRECHTE

Eingangsstempel:

Musikfolge

GSZ: |___|___|___|___|___|___|

Name des Veranstalters: _____

Anschrift: _____
(Straße / PLZ / Ort)

Name des Betriebes / Veranstaltungsraumes: _____

Art der Veranstaltung: _____
(z. B.: Tanz / Unterhaltungsmusik / Konzert / Gesellige Veranstaltung / Straßenfest / . . .)

☐ **Einzelveranstaltung(en)***

am _____ 19_____ von _____ Uhr bis _____ Uhr

am _____ 19_____ von _____ Uhr bis _____ Uhr

am _____ 19_____ von _____ Uhr bis _____ Uhr

am _____ 19_____ von _____ Uhr bis _____ Uhr

am _____ 19_____ von _____ Uhr bis _____ Uhr

☐ **regelmäßige Veranstaltungen***

an _____ Tagen im Monat _____ 19_____

jeweils von _____ Uhr bis _____ Uhr

Name der Kapelle: _____ Musiker-Nr.: |___|___|___|___|___|___|

Name des Musikleiters: _____

Anschrift: _____
(Straße / PLZ / Ort)

Anzahl der Musiker und Sänger: _____

Art der Besetzung: _____
(z. B.: Alleinunterhalter / Tanzband / Rockgruppe / Orchester / Blaskapelle / . . .)

* Zutreffendes bitte ankreuzen.

Ad-F 4/2 (1) - 2/90 Ruhfus

GEMA-Musikfolge-Formular

anzufordern, um selbst notierte Einsätze kontrollieren zu können.

Nur am Rand sei hier der dauerhaft gärende Streit zwischen E- und U- Musikern angedeutet, der immer wieder aufkeimt, weil die E-Musiker aufgrund ihrer höher bewerteten kulturellen Bedeutung GEMA-seitig besser behandelt werden als die U-Musiker. In der Tat ein zweifelhaftes und wenig zeitgemäßes Vorgehen.

Für *ordentliche Mitglieder* (= mindestens fünf Jahre Mitgliedschaft) sei hier noch die GEMA-Sozialkasse erwähnt, die von der Gesamtverteilungssumme jeweils zehn Prozent einbehält und als Rente an ihre Mitglieder ausschüttet.

Trotz dieser Vorteile sei angemerkt, daß niemand verpflichtet ist, dem Monopolbetrieb GEMA beizutreten. Es gibt einen Markt für GEMA-freie Musik (z.B. Hintergrundmusik), der die circa 8,5prozentige GEMA-Kommission einspart. Die Frage, ob es sinnvoll ist, der GEMA beizutreten oder trotz GEMA-Mitgliedschaft unter Pseudonym GEMA-freie Musik zu veröffentlichen, muß man individuell klären.

GVL

Die Abkürzung GVL steht für „Gesellschaft zur Verwertung von Leistungsschutzrechten". Sie hat ihren Sitz in der

Heimhuder Str. 5
20148 Hamburg
Tel: 0 40/41 17 07-0
Fax: 0 40/4 10 38 66

Im Gegensatz zur GEMA kümmert sich die GVL nur um darstellende Künstler, also Musiker, Interpreten, Schauspieler, Moderatoren etc.

Wie werde ich Mitglied?

Alle Tonträgerhersteller und alle ausübenden Künstler (auch ausländische Künstler, die in der Europäischen Union ihren Erstwohnsitz haben) können Mitglied werden. Um beizutreten, fordert man formlos einen „Wahrnehmungsvertrag" bei der GVL an und schickt diesen ausgefüllt zurück. Die Mitgliedschaft beginnt rückwirkend zum 1. Januar des Jahres und ist kostenfrei.

Zur Zeit wird die GVL für ca. 77 000 Interpreten (von der Backgroundsängerin bis zum Studio-Gitarristen) und ca. 2 500 Tonträgerhersteller tätig. Die GVL kassiert allerdings nur innerhalb Deutschlands. Im Ausland gibt es inzwischen teilweise ähnliche Verwertungsgesellschaften, über die man sich vor Ort informieren sollte.

Geld – wann und wofür?

Alle bezogenen Entgelte müssen einmal jährlich an die GVL gemeldet werden, da sie als Grundlage zur Berechnung der Ausschüttung dienen.

Anmeldefähig sind Honorare und Umsatzbeteiligungen für Tonträgeraufnahmen, aber auch Lizenzvorauszahlungen. Letztere dürfen nicht der Deckung der Produktionskosten dienen – im Zweifelsfall kann man sich das von der Plattenfirma bestätigen lassen. Ferner sind Honorare für alle Live-Auftritte meldefähig. Bedingung hierfür ist, daß ein Mitschnitt fürs Radio oder Fernsehen gemacht wurde, der auch gesendet wird. Man sollte sich von der mitschneidenden Station bestätigen lassen, daß man mitgewirkt hat.

Die GVL-Zahlungen betrugen bisher ca. 30 Prozent der eingereichten Belege, also der nachgewiesenen Einkünfte für Aufnahmen für Tonträger. Da die genaue Höhe der Ausschüttung von den insgesamt angemeldeten Entgelten abhängt, kann der zukünftige Prozentsatz nur schwer prognostiziert werden.

Die GVL überwacht genauso wie die GEMA alle öffentlich-rechtlichen Sender und ca. 20 ausgewählte weitere Privatstationen. Die GVL vertritt also die Senderechte der ausübenden Künstler und der Tonträgerhersteller gegenüber Rundfunk und TV – so, wie es die GEMA für die Autoren tut. Sie kassiert die Sendevergütungen nach den Sendemeldungen der programmgestaltenden Anstalten.

Der Labelcode

Eine EDV-gerechte Form der Meldung ist vertraglich geregelt; und zwar über den seit 1977 existierenden Labelcode. Mit der Anmeldung eines Tonträgerherstellers oder eines Labels bei der GVL, wird der vierstellige Labelcode (siehe „LC" auf der Rückseite jeder CD) vergeben. Er ermöglicht die ordnungsgemäße Zurechnung der Sendeminuten und vereinfacht die Abrechnung der Sendeprotokolle von Funk und Fernsehen.

Alle Labelcodes sind im Ringbuch der GVL zusammengefaßt und geben einen guten Überblick über die Firmenzugehörigkeit der Labels. Zukünftig wird die GVL wohl auf eine fünfstellige Label-Nummer umstellen müssen, da sich immer mehr Labels hier registrieren lassen.

Geldquellen der GVL

Die GVL will ihre Mitglieder an der *Zweitverwertung* eines Tonträgers beteiligen. Als „Zweitverwertung" bezeichnet man das Senden eines Tonträgers bzw. das private Mitschneiden auf Kassette aus TV oder Radio. Zur Zweitauswertung gehört ebenso die öffentliche Wiedergabe von Tonträgern in Funk und Fernsehen, aber auch Verleih und Vermietung von Tonträgern.

Während über die Erstverwertung, nämlich den Schallplatteverkauf, direkt verdient wird, kann man die Zweitverwertung nicht messen oder wenigstens kontrollieren. Daher sind alle TV- und Radiosender sowie alle Hersteller von Aufnahmegeräten und Leerkassetten verpflichtet, an die GVL zu zahlen. Auch die Hersteller von bespielbaren CDs und CD-Brennern werden schon zur Kasse gebeten.

Heftig diskutiert wird zur Zeit, ob Hersteller von Disketten, Multimediasoftware etc. nicht genauso zu einer GVL-Abgabe verpflichtet werden müssen.

ISRC-/EAN-Code

Diese ominösen Kodierungen werden immer wichtiger, da zukünftig darüber sowohl das Phono- als auch das Urheberrecht abgerechnet werden. Der Hintergrund ist die zunehmende Automatisierung der Datenerfassung seitens der Sender, z.B. bei digitalen Rundfunkstationen. Hier werden die digital registrierten Codes mit ausgestrahlt und gewährleisten eine korrekte Abrechnung.

ISRC (International Standard Registration Code)
Die GVL übernimmt die internationale Registrierung aller neuen Aufnahmen auf Grundlage des eingereichten ISRC-Register-Formblattes. Diese Formblätter müssen von den Labels, also den Tonträger-Produktionsfirmen, abgefordert werden bei der

> Deutschen Landsgruppe der IFPI e.V.
> Greickstraße 36
> 22329 Hamburg
> Tel: 0 40/58 02 58
> Fax: 0 40/58 28 42

Die Labels müssen gemäß nachstehendem System selbst einen ISRC-Code vergeben:
Beispiel: DE-K17-98-123-45

DE:　　　Länderschlüssel, hier Deutschland
K17:　　　Erstinhaberschlüssel, muß jedes Label beantragen; Adresse siehe oben
98:　　　Jahresangabe
123-45:　Aufnahmeschlüssel, wird vom Label selbst vergeben

Das Label muß dafür Sorge tragen, daß dieser ISRC-Code im Sub-Code des Masters alle zwei Sekunden enthalten ist.

EAN-Code (Europäische Artikel Nummer)
Der EAN-Code ist eine internationale, inzwischen über Europa hinausgehende Artikelnumerierung, die man als Bar-Code auf vielen Produkten kennt. Die internationale
EAN-Organisation vergibt weltweit gültige, maschinell lesbare und überschneidungs-
freie Nummern, so daß die kostspielige und aufwendige Übertragung von Artikel-
beschreibungen entfällt.

Der EAN-Code besteht aus einer siebenstelligen Basisnummer, einer fünfstelligen
internen Artikelnummer, die der Tonträgerhersteller selbst festlegt und einer ab-
schließenden Prüfziffer.

Beispiel:
40 12345 67890 1
40 12345: Basisnummer, davon:
40:         internationale Vorziffer für Deutschland
12345:   internationale Locationnummer
67890:   wird intern vergeben
1:           Prüfkennziffer der Vergabestelle

Der EAN-Code ist als Strich-Code auf der Tonträgerverpackung festzuhalten und wird
zusätzlich zum ISRC-Code auf der Sub-Datenspur eines jeden Tonträgers als 13-stellige
Nummer benötigt. Auch der EAN-Code wird mitgesendet und gewährleistet die ordnungsgemäße Abgeltung der Phonorechte.

Weitere ausführliche Informationen, Seminarangebote für ganz Wißbegierige und
Formulare zur Beantragung der Codes erhält man beim deutschen Ableger der EAN-
Organisation:

Centrale für Coorganisation GmbH
Maarweg 133
50825 Köln
Tel: 02 21/9 47 14-0
Fax: 02 21/9 47 14-9 90

Hier erfolgt die Vergabe der Codes, die vernünftig lesbar auf der Rückseite des Covers
aufgedruckt werden sollten.

Codes auf einem CD-Booklet

Teil 2

Wie wird ein Hit gemacht?

Ich finde Deine Lieder unheimlich schön ...
... Infomaterial über Dich und Dein Leben. Bi...
... verheiratet? ... Ich würde Dich ...

✳ 1. Vorsitzende des
  Nana-Mouskouri-Fanclubs,
  knietief in Fanpost
  versinkend

Vermarktung der Musik

Trends, Trends, Trends

Früher war die Welt noch in Ordnung. Da gab es Rock, Pop und Schlager und irgendwann mal Punk, und jeder kannte sich aus. Heute gibt's Drum & Bass, Trip Hop, Dreamhouse, New School, Techno, Easy Listening, Rap und Volksmusik, und trotzdem will sich kein Künstler in eine von diesen Schubladen pressen lassen. Die immer weiter fortschreitende Differenzierung der Zielgruppen findet sich in allen Medienbereichen wieder und geht einher mit einer kontroversen Entwicklung: Weltweit wachsen die Musikgeschmäcker weiter zusammen und gleichen sich überall. So stehen Kids in Santiago de Chile genauso auf DJ Bobo wie ihre Altersgenossen in Osnabrück.

Die starke Segmentierung des Musikmarkts bedeutet für die Vermarkter der Musik nicht nur, immer speziellere Konzepte zu erdenken, sondern sich auch mit kürzeren Produktzyklen abzufinden. Es gibt mehr Trends und Stars, die allerdings genauso schnell wieder vom Markt verschwinden, wie sie gekommen sind. Der Musikmarkt wird immer schnellebiger bei höheren, notwendigen Investitionen zum Markteintritt, d.h. zum angestrebten Hit.

Für die Tonträgerfirma bietet ein Trend immer auch ein neues Motto, unter dem vermarktet werden kann. Dies ist der Grund, warum sich eine ganze Industrie an Szeneläden orientiert und jede sich bietende Strömung aufgreift und aussaugt. Leider werden dadurch interessante Trends auch kommerzialisiert und damit kaputt gemacht. So gibt es schon fernsehbeworbene „Drum & Bass"-Kopplungen und „Drum & Bass"-Mixe von etablierten Künstlern, bevor die originären Trendsetter fair am Geschäft partizipieren können.

Selbstgänger gibt es nicht

Kein Titel schafft den Sprung in die Charts ohne eine entsprechende Unterstützung der Medien kombiniert mit gezielt eingesetzten Marketinggeldern. Dies ist bei der heutigen Reizüberflutung und der Menge an Neuveröffentlichungen kein Wunder. Auch wenn vielen Musikern diese Erkenntnis schmerzt, und sie glauben, gute Musik verkaufe sich von alleine.

Heutzutage braucht unsere selektive Wahrnehmung aber gezielte Ansprache, um eine noch so interessante Neuveröffentlichung überhaupt mitzubekommen. Daß es einfache und schwieriger zu vermarktende Themen gibt, sei dabei unbestritten, aber die Lawine muß erst losgetreten werden, bevor sie alleine weiterrollt. Nur die engste, meist sehr kleine Fanbasis beobachtet stetig ihren „Star" und holt sich aktiv die Information, wann eine Neuveröffentlichung ansteht. So muß auch einem neuen Album von Michael Jackson mit millionenschweren Kampagnen der Weg zum Konsumenten geebnet werden.

Um im folgenden den typischen Weg eines Produkts „durch den Markt" zu beschreiben, möchte ich ein nationales Thema wählen; das heißt, Vertragsabschluß und damit Entwicklung der Kampagne liegen in Deutschland.

Produktinitiierung

Wo ist die Zielgruppe?

Jeder, der den Anstoß für ein neues Produkt gibt – also z.B. der A&R, der einen neuen Titel einkauft –, muß sich überlegen, wer als Konsument in Frage kommt. Die Zielgruppenbestimmung – „Wen will ich mit bestimmter Musik erreichen?" bzw. „Wer ist potentieller Käufer dieser Tonträger?" – wird fast immer aus dem „PM-Bauch" getroffen. Es fehlen einfach verläßliche Daten, die repräsentativ diesen schnellebigen Markt widerspiegeln. Wer beim letzten Album der Kelly Family noch Fan war, ist jetzt vielleicht schon auf Caught In The Act umgeschwenkt. Diese nur intuitive Einschätzung der Zielgruppe kann fatal sein, werden doch Tausende von Mark in Werbung gesteckt, um den potentiellen Kunden zu erreichen.

Im Gegensatz zu anderen Industriezweigen steckt die Marktforschung der Tonträgerindustrie noch in den Kinderschuhen. Nun ist es auch ungleich schwerer, den so emotionalen und wechselhaften Markt „Musik" zu untersuchen. Zudem fehlen die Budgets, produktbezogene Marktforschung intensiv zu betreiben. Das Gespür und das richtige Näschen für Hits und Trends ist daher nach wie vor das wichtigste Kapital der Branchenkenner.

Stagnierende Umsatzzahlen aber zwingen auch die Musikindustrie, ihre Abnehmer besser kennenzulernen und einzuschätzen. So werden den CDs zunehmend Marktforschungskarten beigeheftet, die den Käufer der CD nach seinen Wünschen und Meinungen befragen. Früher war dies nur bei Kopplungen üblich, heute ist es aber bei Alben mit einer Verkaufserwartung über 30 000 Stück der Normalfall. Die Rücksende-Quote dieser Marktforschungskarten liegt bei unter zwei Prozent und dient vor allem der Adressenerfassung interessierter Konsumenten. Diese Adressen sind wertvoll, denn man kann sie bei sogenannten Direct-Mailing-Aktionen wieder einsetzen. So nutzt man die Daten, um die nächste Singleauskopplung anzukündigen oder ein musikalisch ähnlich gelagertes Thema zu bewerben. Als Grundlage für die kommende Mediaplanung des Künstlers liefern diese Adressen Informationen über die Käufer und bieten Anhaltspunkte über die Struktur der Zielgruppe.

Eine weitere Möglichkeit, Aufschluß über die Zielgruppe zu bekommen, sind Live-konzerte der Künstler, auf denen man das Publikum beobachtet und „analysiert"; was eine gern genutzte Begründung von Mitarbeitern der Plattenfirmen ist, warum sie während des Konzerts so gelangweilt an der Theke stehenbleiben.

Musik braucht Helden

Und Helden brauchen ein Image. Insbesondere bei den jungen Käufern ist die Suche nach Identifikation mit ihrem Star genauso wichtig wie sein neuer Song. Massen-hysterie und Fankult sind die bekannten Schlagworte. Insbesondere bei den ganz jungen Musikfreunden schlägt das schon mal bizarre Wellen – man erinnere sich nur an das durch die Trennung von Take That ausgelöste Drama. Die heutigen Massen-medien greifen solche Themen sehr gerne auf und lassen dadurch ein Schneeball-system der Reaktionen entstehen.

Auch wenn der Begriff des guten, alten „Fanclubs" dagegen fast altbacken klingt – das Phänomen gibt es bis heute. Da finden sich in meist straff organisierter Form Menschen zusammen, die – immerhin untereinander konkurrierend – um die Gunst ihres Stars buhlen, jeden veröffentlichten Schnipsel sammeln und Reisen auf sich nehmen, nur um beim TV-Auftritt oder beim Konzert ihres Stars dabeizusein.

So erstaunt es immer wieder, daß 13jährige Mädchen sich neben Konzertticket und Reisekosten eine Übernachtung im „Interconti" leisten. Dies nur, damit sie nicht aus der Hotellobby herausfliegen und ungestört in allen Hotelzimmern anrufen kön-nen, wohl in der Hoffnung, ihren Star direkt ans Telefon zu bekommen. Jeder, der einmal das Vergnügen hatte, Gast in einem Hotel zu sein, in dem auch eine Teenie-Band nächtigte, kann davon Geschichten erzählen: eine Hotelbelagerung, die eigent-lich harmlos ist, aber manchmal auch beängstigende Ausmaße annimmt.

Wohlgestaltet werden Fan-Zeitungen herausgegeben, die wahrlich schon den Sta-tus von Fanzines haben und an die Fanclub-Mitglieder verschickt werden. Telefon-Hotlines werden eingerichtet, damit auch kurzfristigste Termine den Star betreffend nicht verpaßt werden. Kreischkonzerte, Teddy-Wurfgeschosse und Blutdruckprobleme seien hier nicht weiter erläutert.

Erfolgskonzept aus der Retorte

Die „Begeisterungsfähigkeit" bestimmter Zielgruppen hat zur Folge, daß diese ge-nau von der Plattenfirma avisiert werden, um ein passendes „musikalisches Pro-jekt" zu schaffen. So suchte die Münchener BMG/Ariola ganz bewußt eine neue Boy-Band, nachdem die Backstreet Boys aus vertraglichen Gründen zu Rough Trade wechselten. Aufbauend auf die gute Zusammenarbeit überließ man die Suche derem alten Manager, den man ja aus der gemeinsamen Aufbauzeit der Boy-Band kannte. Und dieser schleppte prompt aus dem tiefsten Florida 'N Sync an. 'N Sync füllten die entstandende Umsatzlücke bravourös und sind tatsächlich begabte Bürschchen.

Parallel zu der Boygroup-Hysterie der vergangenen Jahre wurde genauso bewußt der Girlgroup-Trend à la Spice Girls oder Tic Tac Toe etc. initiiert. Ein weiteres Beispiel für ein gutes Projekt-Design ist Blümchen: Der erste Song wurde von einigen Plattenfirmen abgelehnt, bevor die Edel Company in Hamburg zugriff. Die Interpretin wurde erst dann per Anzeige gesucht und gecastet.

Diese „Kunstprojekte" werden zwar immer wieder kritisiert, treffen aber den Geschmack der breiten Masse und fahren die Umsätze ein, die letztendlich wieder die Finanzierung von musikalisch ambitionierteren Veröffentlichungen ermöglichen. Jede Plattenfirma versucht, auf ihren Labels eine gesunde Mischung aus „Kunst und Kommerz" zu haben. Leider schaffen es nur wenige Labels, mit „kredibiler" Musik auch Geld zu verdienen.

Insbesondere deutsche Produktionen im Kommerzbereich haben im Ausland großen Erfolg. So ist zum Beispiel die Euro-Dance-Welle à la Mr. President und E-Rotic sicherlich nicht die Neuerfindung der Musik gewesen, sondern eher Schlager auf englisch. Letztendlich hat sie sich aber so gut verkauft, daß immer mehr Produzenten auf den Trend eingestiegen sind. Toll, daß es deutsche Musik hier geschafft hat, von Südamerika bis Südostasien Erfolg zu haben. Leider haben das nur wenige Bands und Sänger anderer Stilrichtungen erreicht.

Verpackung muß sein

Die Definitionen der Zielgruppe und des Images des Künstlers fließen direkt in die Gestaltung der Hüllen-Optik ein. Die inhäusige Werbeabteilung der Plattenfirma fungiert als Servicebereich für die Produkt Manager. Sie berät bei der Auswahl der Fotografen und Grafiker und überwacht die kreative Gestaltung der Veröffentlichung – vom Booklet bis zum Poster.

Die veranschlagten Initialkosten für die Erstellung der Verpackung variieren stark je nach Künstler. Bei der Veröffentlichung eines anonymen Dance-Projekts „reicht" die kostengünstige Umsetzung per Photoshop am Apple-Mac-Computer, für die neue Grönemeyer muß schon eine Fotosession mit Anton Corbijn her.

Der Hüllenstandard eines Albums beläuft sich üblicherweise auf ein zwölfseitiges Booklet und eine schwarz-weiß bedruckte CD. Die durchsichtigen Trays, bei denen man bei Herausnehmen der CD eine weitere bedruckte Seite sieht, haben sich schnell eingebürgert und gehören bereits zum „schönen Standard".

Auch Standard, allerdings technischer Art, ist der Barcode (siehe auch EAN-Richtlinien im Kapitel über die Verwertungsgesellschaften), der jeden Tonträger mit 13 Ziffern kennzeichnet.

Die von Künstlern gern gewünschten Sonderverpackungen aus Pappe sind aufgrund ihrer Oberflächenbeschichtung gar nicht so umweltfreundlich wie gedacht. Diese sogenannten Digipacks werden zudem vom Handel ungern genommen, weil sie so schnell verknicken und mit Eselsohren unverkäuflich sind.

Die technische Fertigung

Nach Fertigstellung der Hüllenfilme werden diese mit dem Master an die Fabrik geschickt, wo circa sieben Arbeitstage bis zum komplett fertigen Tonträger gebraucht werden.

Die Erstauflage der CD wird vorsichtig veranschlagt und richtet sich nach der Sollstellung des Vertriebs bzw. der Verkaufserwartung in den ersten beiden Wochen. Man will Überbestände verhindern, die unnötige Lagerkosten verursachen und im negativen Fall teuer vernichtet werden müßten. Da aber gewährleistet sein muß, daß ständig nach den Bestellungen des Handels geliefert werden kann, wird das Paperwork, also CD-Booklets und Inlaycards, auf Halde gelegt und regelmäßig in kleinen Mengen nachgeordert.

Geht man doch einmal in Lieferrückstand, ist dies sehr ärgerlich, denn der Vertrieb garantiert dem Handel Lieferfähigkeit innerhalb von 24 Stunden und eine verspätete Lieferung kann die Dynamik einer Verkaufsentwicklung empfindlich stören. Ist ein Titel über mehrere Tage nicht lieferfähig, bedeutet dies, daß er sicher einige Chartsplätze verliert.

Das Marketingkonzept

Zur Erstellung eines Vermarktungskonzepts muß man sich zunächst über die drei entscheidenden Einflußfaktoren Gedanken machen:

- Budget
- Zielgruppe
- Timing

Immer Ärger mit dem Budget

Das zur Verfügung stehende Geld bietet immer Zündstoff für Diskussionen, sowohl zwischen Produkt Manager und Geschäftsleitung als auch zwischen Produkt Manager und Künstler. Letztere haben oft unrealistische Vorstellungen von den Kosten bestimmter Marketingaktivitäten, und (verständlicherweise) erscheint das Budget nie ausreichend.

In der Tat ist es aber oft so, daß eine kreative Idee viel mehr wert ist als die großen Marketinggelder, die oft wenig effizient eingesetzt werden können. Der gute PM hat eine solche Idee und kämpft, seiner Mittlerrolle entsprechend, in Budgetgesprächen bei Geschäftsleitung und Controlling für mehr Geld. Er sollte sich für seine Künstler einsetzen, allerdings nicht, ohne eine realistische Verkaufserwartung und Markteinschätzung im Auge zu behalten.

Vergleicht man die Etats für die Vermarktung von Musik mit denen von Markenartiklern, sind die zur Verfügung stehenden Gelder verschwindend gering. Nun muß der gesamte Jahresetat in der Musikbranche ja auch auf viele Neuveröffentlichungen, viele Künstler und damit auf viele „kleine Markteinführungen" verteilt werden.

Die Verkaufserwartung bietet eine Grundlage für die Berechnung des zur Verfügung stehenden Budgets für die Vermarktung: So errechnet sich der aus dem Verkauf des Tonträgers zu erwartende Umsatz aus dem HAP (Händlerabgabepreis) des Tonträgers, multipliziert mit der Verkaufserwartung. Der Daumenwert für das zur Verfügung stehende Budget wird dann je nach Firmenpolitik mit etwa 20 Prozent des geschätzten Umsatzes angesetzt. Hier ein Rechenbeispiel zur Verdeutlichung:

Der HAP für CDs beträgt circa DM 20,-. Erwartet man z.B. bei der Veröffentlichung eines Pop-Albums 30 000 Tonträgerverkäufe, beträgt der zu erwartende Umsatz DM 600 000,- (nämlich DM 20,- multipliziert mit 30 000 Stück). Für die Vermarktung dieses Popalbums stünden dann insgesamt 20 Prozent der Umsatzerwartung, also DM 120 000,- zur Verfügung (20 Prozent von DM 600 000,-). Diese Zahl kann natürlich nur als Daumenwert genutzt werden, denn wer weiß schon vorher, ob das Album wirklich 30 000 Stück verkauft?

Wie schwer es ist, die Umsätze im Musikbusineß einzuschätzen, zeigt sich in der Praxis immer wieder. Wer kann schon den Hit vorausbestimmen, und wer garantiert selbst bei etablierten Künstlern gesicherte Umsätze? Folglich haben die Marketingspendings durch die erklärte Rechenweise direkt etwas mit dem Glauben an den Künstler und seine Umsätze zu tun.

Insbesondere bei unbekannten Acts, die man breaken, also auf dem Markt etablieren will, ist eine Umsatzeinschätzung nur sehr vage möglich und die gezeigte Budgetberechnung nicht sinnvoll. Gerade durch die hohe Flopquote muß man schon mutig sein, die Verkaufserwartung für neue Künstler hoch einzuschätzen. Die Rechnung geht beim ersten Album nur selten auf. Erst beim Folgealbum kann man den Daumenwert für die Budgetberechnung einsetzen. Man muß langfristiger denken und an die Band glauben und zunächst Geld investieren. Dies ist in der heutigen Wirtschaftslage zwar eine mutige Entscheidung, aber wohl auch der einzige Weg, um talentierten Nachwuchs zu fördern.

Bitter wird es nur, wenn man investiert und der Künstler nach Ablauf des Vertragszeitraums die Erfolge bei einer anderen Firma feiert. So ärgerte sich die Stuttgarter Intercord vor einigen Jahren wohl schon, als Grönemeyer nach mehreren Alben zur Kölner EMI wechselte und dort mit seinem „Bochum" einen riesigen, bis heute anhaltenden Erfolg feiern konnte. Welch Ironie, daß die Intercord später von der EMI aufgekauft wurde.

Um den Vorgang zu verdeutlichen, wie so etwas scheinbar Unberechenbares wie Musik geplant wird, führe ich im folgenden beispielhaft zwei Kalkulationen auf. Diese sollen verdeutlichen, wie die zur Verfügung stehenden Gelder ermittelt werden und vor allem, wofür sie ausgegeben werden. Da Musik extrem individuell vermarktet werden muß, können die Beispiele nur zwei typische Fälle von vielen darstellen und Größenordnungen vermitteln. Die daran anschließende Berechnung des Break-Even-Punkts macht klar, wieviele Tonträger verkauft werden müssen, damit die Rechnung für die Plattenfirma überhaupt (positiv) aufgeht.

So wird Musik kalkuliert

Die Schwierigkeit, Musik sinnvoll zu kalkulieren, ist bei der Wechselhaftigkeit und Schnellebigkeit des Metiers offensichtlich. Trotzdem sind Planungen von Kosten und Umsatz notwendig und werden insbesondere in Konzernen von den meist ausländischen Muttergesellschaften gefordert. Der Musiker mag erschreckend finden, wie wenig seine Musik eigentlich noch Thema ist und nur noch auf Zahlen geschielt wird. Dies ist aber nun einmal in jedem Industrieunternehmen „Fact of Life".

Anhand von zwei typischen Beispielen soll deutlich werden, wie solch eine Rechnung aufgestellt wird. Die Aufsplittung der Kosten, insbesondere der Promotionkosten sind natürlich stark repertoireabhängig und individuell verschieden, zeigt aber mögliche Anteilsverhältnisse auf.

Erstes Beispiel (Künstlervertrag)

Ich gehe von einem Künstler im nationalen Bereich aus. Dieser wurde also von der deutschen Plattenfirma entdeckt und unter Vertrag genommen. Der Act ist bereits am Markt etabliert und hatte mit seinem letzten Album bereits einen Charterfolg. Um die musikalische Bandbreite ein wenig einzuschränken, gehe ich von einem Pop/Dancethema aus, dessen Zielgruppe bei den 15- bis 25jährigen liegt. Themen von Sash über Words Apart bis Masterboy würden in diese Kategorie fallen. In diesem Rechenbeispiel sind die Künstler aber im Gegensatz zu den oben genannten per Künstlervertrag an die Plattenfirma gebunden. Das heißt, die musikalische Produktion wird von der Tonträgerfirma finanziert.

Im Normalfall beglücken diese Bands uns jährlich mit einem neuen Album, was so auch frühzeitig in die Jahresplanung aufgenommen wird. Meist startet man die Kampagne zum neuen Projekt mit einer vorab ausgekoppelten Single, um die Medien und auch die Kunden wieder an den Künstler zu erinnern und auf das Album neugierig zu machen. Immer noch beeinflußt der Erfolg einer Single ganz extrem die Albumverkäufe. Aus diesem Grund konzentriert man sich stark auf die erste Single und läßt dann das Album und mindestens eine weitere Singleauskopplung folgen (siehe auch Timingübersicht).

Schätzt man den durchschnittlichen Netto-Verkauf (Retouren müssen herausgerechnet werden) pro Single mutig auf 100 000 Stück, kann man durch Multiplikation mit dem Händlerabgabepreis der Single von circa DM 7,- den zu erwartenden Umsatz errechnen. Allein die Handelsverkäufe der Singles machen also einen Umsatz von DM 1 400 000,- (2 Single-Auskopplungen x 100 000 Stück x DM 7,-) aus.

Dazu wird der Umsatz des Albums gerechnet. Dieser liegt bei DM 1 600 000,-, wenn man annimmt, daß 80 000 Alben zum HAP von DM 20,- verkauft werden. Über die Tonträgerverkäufe im Handel macht die Plattenfirma also zunächst drei Millionen DM Umsatz.

Um die Rechnung nicht noch schwieriger zu machen, vernachlässige ich an dieser Stelle alle weiteren, zusätzlichen Einnahmemöglichkeiten. Hier sei nur erwähnt, daß weitere Umsätze winken, wenn die Single auf Sampler gekoppelt wird. Dies sind gerade bei Hitsingles nicht unerhebliche Lizenzeinkünfte. Es ist zwar vertraglich üblich, daß bei Kopplungen nur die halbe Lizenz an die Künstler gezahlt wird, aber ein Hit kommt gut und gerne auf eine Million Kopplungstonträger, an dessen Verkäufen anteilig Lizenzen verdient werden.

Rechenbeispiel:
Unsere Single wird auf eine Million Compilations gekoppelt. Diese Kopplungen sind meist Doppelalben mit circa 30 Titeln, die dem Handel für circa DM 30,- angeboten werden. Ist vertraglich ein Lizenzsatz von angenommenen 16 Prozent vereinbart, reduziert dieser sich bei Kopplungen auf acht Prozent. Der Künstler verdient folglich über seine Single an den Kopplungen:

1 Mio x DM 30,-/ 30 Titel x 8 Prozent = DM 80 000,-

Kein schlechtes Geschäft für den Künstler, aber auch ein sehr gutes für die Plattenfirma, schließlich kann sie mit hälftigen Lizenzen kalkulieren. Die Rechnung ist erst schwieriger, seit die Flut der Kopplungen ein immer höheres Investment in Marketinggelder, insbesondere für TV-Werbung notwendig machen.

Weitere Lizenzen sind bei nationalen Themen zu verdienen, wenn die Titel auch im Ausland bei Schwesterfirmen oder Drittpartnern veröffentlicht oder verkoppelt werden. Die Alben können je nach Repertoiresegment auch zusätzlich per Mailorder und Buchclub (z.B. Bertelsmann) vertrieben werden.

Doch zurück zu den Handelsumsätzen, denn diese sind Grundlage zur Berechnung der zur Verfügung stehenden Promotiongelder. Setzen wir bei unseren drei Millionen DM Umsatz den bereits dargestellten Daumenwert von 20 Prozent zum Errechnen des Budgets an, ergeben sich immerhin DM 600 000,-, die man für Werbung und Promotion „auf den Kopf hauen" kann.

Doch neben diesem Betrag ergeben sich seitens der Plattenfirma noch weitere Kosten: Da wir von einem nationalen Produkt mit Künstlervertrag ausgegangen sind, ergeben sich Ausgaben für die musikalische Produktion, die wir hier beispielhaft mit DM 200 000,- ansetzen. Darüber hinaus muß für die Veröffentlichung der CD ein Cover erstellt werden. Die dafür entstehenden Kosten heißen Initialkosten und fassen die Ausgaben für die Fotosession, Layout, Grafik und Filmerstellung fürs Booklet, Bottom-Inlaycard, Etikett etc. zusammen. Mit angenommenen DM 50 000,- Initialkosten für das Album und die beiden Singles muß man schon gut haushalten, um den Rahmen nicht zu überschreiten. Neben bereits getätigten vertraglich zugesagten Garantiezahlungen (verrechenbare Vorschüsse) an den Künstler ergeben sich also die folgenden Ausgaben:

Spendings:
- Promotion- und Werbekosten
  (übliche Maßgabe: ca. 20 Prozent der Umsatzerwartung)   DM 600 000,-
- Aufnahmekosten, inkl. Remixe
  (vertrags- bzw. lizenzabhängig)   DM 200 000,-
- Initialkosten (Cover- u. Bookleterstellung)   DM 50 000,-

Gesamtkosten   DM 850 000,-

Die Gesamtkosten sind die Basis zur Errechnung des Break-Even-Punkts der Veröffentlichung.

Insbesondere auf den großen Block der Promotion- und Werbekosten richtet sich das wachsame Auge der Controlling-Abteilung. Denn diese Budgets werden gerne überschritten, und eine Kontrolle scheint besonders wichtig. Aus diesem Grund müssen die Produkt Manager genaue Marketingpläne erstellen, in denen dieser Kostenpunkt detailliert aufgesplittet wird.

Ein großer Einzelposten ist die Produktion eines Videoclips. Nicht umsonst wird um diesen Punkt oft herumdiskutiert und der Zeitpunkt der Erstellung eines Videos lange hinausgezögert. Neben der Ungewißheit, ob das Video zum Einsatz kommt, ist das Budget zur Erstellung eines vernünftigen Clips sehr hoch.

Aus diesem Grund wird vertraglich sehr oft bei Bandübernahmeverträgen vereinbart, daß die Kosten für das Video zwischen Plattenfirma und Künstler geteilt werden. So ist die Tonträgerfirma zwar Auftraggeber und bezahlt die Videoproduktionsfirma, aber sie stellt 50 Prozent der Kosten auf das Lizenzkonto des Künstlers.

Es gibt übrigens immer wieder Kandidaten unter den Künstlern, die ihre Verträge nicht richtig lesen bzw. schlecht beraten werden, und die sich dann unheimlich wundern, wenn die Lizenzabrechnung kommt: Floppt die Single, wird der Künstler nicht belastet, und die Plattenfirma hat Pech und zahlt das ganze Video. Spielt der Titel aber Lizenzen ein, werden diese nicht an die Künstler ausgezahlt, bis die Hälfte der Ausgaben für das Video zurückverdient ist. Aus diesem Grund setzt man in der Planung für gewöhnlich nur die Hälfte der Videoproduktionskosten an.

Bei einem Künstlervertrag, bei dem die Plattenfirma die Masterrechte zeitlich unbegrenzt besitzt, sieht die Situation anders aus. Hier können, wie in unserem Beispiel, keine Lizenzen verrechnet werden, und die Plattenfirma finanziert das Video in jedem Fall vollständig.

Zur Verdeutlichung sollte man sich die nachstehende typische Aufsplittung der Promotion- und Werbekosten aus unserem Beispiel ansehen:

Spezifizierung der Promotionkosten:

- 2 Videos à DM 75 000,-
  (hälftige Verrechnung der   DM 150 000,-
  Kosten vertraglich nicht möglich)
- TV Werbung (z.B. auf VIVA für Single und Album) DM 150 000,-
- TV Auftritte, Radiobesuche, Gimmicks,
  Pressekonferenzen, freie Promotion etc.   DM 50 000,-
- Bauzaunplakatierung Album   DM 150 000,-
- Anzeigen   DM 50 000,-
- Werbekostenzuschuß an den Handel   DM 50 000,-

Gesamtkosten Promotion   DM 600 000,-

Die Break-Even-Berechnung auf den nächsten Seiten greift auf die Zahlen dieses Beispieles zurück, um zu verdeutlichen, wann die Plattenfirma Geld verdient .

Zweites Beispiel (Bandübernahmevertrag)

Beim zweiten Beispiel gehe ich davon aus, daß ein Bandübernahmevertrag über eine Single abgeschlossen wurde. Durch vertraglich festgelegte Optionen hat man sich zwar eine mögliche weitere Zusammenarbeit mit dem Künstler gesichert, macht diese aber vom Erfolg der ersten Single abhängig. Bei dieser Art von Verträgen wollen A&R und PM testen, wie Medien und potentielle Käufer reagieren, bevor man große Investitionen startet. Diese sogenannten „Try Outs" haben kaum ein Budget für Promotion und Werbung – erst bei positiven Reaktionen z.B. im Diskotheken- oder Funkbereich macht der PM den Geldhahn auf. Soll sogar ein Video produziert werden, muß der PM um die Mittel kämpfen.

Zwar kann man im Falle eines Bandübernahmevertrages das Künstlerlizenzkonto mit der Hälfte der Videoproduktionskosten belasten, aber da steht ja bereits ein Posten: die vertragliche Vorauszahlung. Diese muß ja ebenfalls erstmal zurückverdient werden.

Beispielhaft seien hier die Spendings aufgeführt:

- Lizenzvorauszahlung Single   DM 10 000,-
- Promotion-/Werbekosten   DM 10 000,-
- Initialkosten für die Single   DM 5 000,-

Gesamtkosten   DM 25 000,-

Interessant ist hier die Frage, wann denn die verrechenbare Lizenzvorauszahlung zurückverdient ist, d.h., wann der Künstler weitere Einkünfte hat.

Geht man in diesem Beispiel von einem Lizenzsatz von 15 Prozent aus, so „verdient" der Künstler pro verkaufter Single DM 1,05 (15 Prozent des Händlerabgabepreises für Singles in Höhe von DM 7,-). Einnahmen über die Lizenzvorauszahlung hinaus bekommt er erst ab 9 524 verkauften Stück. Sein persönlicher „Break-Even-Point" errechnet sich, indem man die an ihn gezahlten DM 10 000,- durch den Verdienst pro Single in Höhe von DM 1,05 teilt.

Die Promotiongelder mögen, besonders im ersten Falle, hoch wirken, aber das Geld ist meist schneller ausgegeben als gedacht. Und so sehr man sich über eine überraschende Anfrage für einen Fernsehauftritt freut, sind solche Kosten ungeplant und tauchen komischerweise immer dort auf, wo es sowieso eng ist. Sparsamkeit an der richtigen Stelle ist die Devise der Zeit, aber für Projekte, die gerade auf der Kippe zum Erfolg stehen, sollte tunlichst immer Geld vorhanden sein. Man kann sich sicher leicht vorstellen, daß diese These gerne zur Diskussion zwischen Künstler und Plattenfirma führt, wann denn die „Kippe" erreicht ist.

Break-Even-Berechnung

Der persönliche Break-Even-Point des Künstlers wurde bereits oben errechnet. Mit der Break-Even-Kalkulation seitens der Plattenfirma berechnet man, wieviel Tonträger bei einer Veröffentlichung mindestens verkauft werden müssen, damit die getätigte Investition zurückverdient wird. Mit jedem über den Break-Even hinausgehenden Verkauf macht die Plattenfirma Gewinn. Ein eventuell vertraglich gezahlter Vorschuß an den Künstler ist hier nicht berücksichtigt.

Beispiel für eine Break-Even-Kalkulation:
Der beispielhaft angenommene vertragliche Lizenzsatz, der pro verkauftem Tonträger an den Künstler gezahlt wird, beträgt 15 Prozent. Diese Lizenz wird auf Grundlage des Tonträgerpreises berechnet, den der Handel bezahlen muß. Wir nehmen DM 20,- als Preis für ein Album an, so daß der Künstler drei Mark (15 Prozent von DM 20,-) pro Album verdient. Der vertraglich oft festgelegte Hüllenabzug (siehe Kapitel „Vertragsgestaltung") mindert diese Lizenzeinkünfte des Künstlers, wird hier aber vernachlässigt, um die Rechnung übersichtlich zu gestalten.

Zunächst berechnen wir, wieviel der Plattenfirma pro CD übrigbleibt, um die Marketing-Spendings zu finanzieren:

Deckungsbeitragsrechnung Album-CD:

Händlerabgabepreis (HAP)	DM	20,-
− Fertigungsstandardpreis CD, ca.	DM	2,-
− Lizenz, hier 15% (auf HAP)	DM	3,-
− Copyright (9,306% auf HAP)	DM	1,86
− Variable Kosten (circa 15% auf HAP)	DM	3,-
Deckungsbeitrag I	DM	10,14
− Fixe Kosten (z.B. 20% auf HAP)	DM	4,-
Deckungsbeitrag II	DM	6,14

Die Copyrightkosten sind die Kosten, die an die GEMA abgeführt werden. Der Prozentsatz von 9,306 basiert auf dem Sonderabkommen, das die GEMA mit den Majors hat. Kleinere Plattenfirmen müssen einen Satz von 11,6325 Prozent akzeptieren. Die variablen Kosten beinhalten die Kosten für die Distribution der Tonträger und variieren daher je nach Größe und Organisation des Unternehmens und sind nur als Daumenwert zu gebrauchen. Die fixen Kosten sind die sogenannten „Overheads", also die Kosten, die fest für Miete, Mitarbeiter etc. anfallen. Je größer das Unternehmen, desto höher natürlich die Overheads.

Bei dem im Beispiel angenommenen Spending von DM 850 000,- müßten also (850 000 : 10,14 =) 83 826 Alben verkauft werden, um in die Gewinnzone zu kommen.

Zum Erreichen des Deckungsbeitrags II, der berechnet werden muß, um den großen Konzernapparat einer Major Company zu finanzieren, müssen fast 140 000 Alben verkauft werden (850 000 : DM 6,14).

Bei dieser vereinfachten Rechnung ist *nicht* berücksichtigt, daß auch über die Verkäufe der beiden im Beispiel angenommenen Singles Umsätze erzielt werden und dadurch der Album-Break-Even gedrückt wird.

Für das zweite Beispiel sei hier der Rechnungsweg dargestellt, um den Break-Even einer Single zu errechnen:

Deckungsbeitragsrechnung Single-CD:

HAP	DM 6,-
− Fertigungsstandardpreis	DM 1,50
− Lizenz (15%)	DM 0,90
− Copyright (9,306%)	DM 0,56
− Variable Kosten (15%)	DM 0,90
Deckungsbeitrag I	DM 2,14

Break-Even hin, Break-Even her; Fakt ist, daß dieser bei einer Single nur im Falle eines echten Hits erreicht wird. Die notwendigen Spendings sind oft sehr hoch, rechnet man doch damit, über den Singlehit entsprechend auch am dann folgenden Album kräftig zu verdienen. Und die alte Regel „ohne Singlehit keine Albumverkäufe" zählt mit Ausnahme einiger Repertoirebereiche (z.B. Hardrock) immer noch.

Gerade im Pop/Dancebereich ist die „Try-Out-Mentalität" sehr verbreitet: Die Verträge mit den Künstlern laufen nur über ein, zwei Singles mit möglichst vielen Optionen. Um das Risiko hoher Investitionen zu mindern, wird die Single zunächst nur bemustert, um die Reaktionen der Medienpartner einzuholen. So wird nur bei gesicherter Unterstützung seitens der Medien überhaupt Geld ausgegeben. Diese Versuchsballon-Mentalität setzt sich immer weiter durch, denn sie kann durchaus zu großem Erfolg führen. „Geht eine Single auf", hat man sich die weiteren Rechte per Vertragsoption bereits gesichert und fährt vernünftige Gewinne ein.

Gold und Platin

Tja, Silber gibt's leider nicht und auch keinen Trostpreis. Die Latte liegt in der Tat hoch: Die begehrte Goldene Schallplatte wird in Deutschland feierlich bei 250 000 verkauften Singles oder Alben verliehen. Hierbei zählen nur die Bruttozahlen, denn Retouren, also vom Handel wieder zurückgegebene Ware, werden abgezogen. Zudem sind die Verkäufe über den Tonträgerhandel, d.h. Absatz im Ausland, über Buchclubs etc. nicht relevant. Die seltene Ehre, Platin zu bekommen, erlangt man in Deutschland bei 500 000 verkauften Stück.

Wie verabschiedete Götz Kiso, Chef a.D. der Polydor, die frisch unter Vertrag genommenen Hot Chocolate so schön beim ersten Treffen: „Ich hoffe, Ihr Comeback gelingt. Das nächste Mal sehen wir uns bei der Goldverleihung, und wenn's die nicht gibt, sehen wir uns nie wieder." Sie sahen sich nie wieder...

Das Timing einer Veröffentlichung

Spätestens bei diesem Kapitel raufen sich alle eingefleischten Musiker die Haare, denn viele wollen nicht wahrhaben, daß knallharte Marketingkonzepte und geplante Events heute Musik und Trends bestimmen.

Über die Einflußfaktoren Zielgruppe und Budget wurde bereits berichtet, wenden wir uns nun dem Timing einer Veröffentlichung zu: Die Planung des richtigen zeitlichen Zusammenspiels der Marketingmaßnahmen ist die eigentliche Kunst bei der Vermarktung von Musik. Nur wenn die Aktionen geballt zusammenkommen, gibt es eine Chance, aus der Angebotsflut herauszustechen und den Sprung in die Charts zu schaffen. Das richtige Timing ist genauso wichtig wie die investierten Gelder, und in der Tat kann man enorm Geld sparen, wenn die Maßnahmen zum richtigen Zeitpunkt greifen.

An dem schon bekannten Beispiel einer Albumveröffentlichung mit zwei Singleauskopplungen wird im folgenden ein typischer zeitlicher Ablauf einer Kampagne dargestellt.

Projekt: Albumveröffentlichung mit zwei Singleauskopplungen

Die Schritte der Veröffentlichung sind chronologisch nach Kalenderwochen (KW) geordnet und stellen einen typischen, wenn auch idealen Ablauf dar.

KW 0
– Abhören der Titel im Vorproduktionsstadium, inkl. Auswahl der ersten Singleauskopplung
– Fotoshooting mit den Künstlern
– Entwicklung des Vermarktungskonzepts

KW 1
– Masterabgabe (= fertige Produktion)

KW 2
– Mastering
– Entwicklung der Hüllengestaltung aus der Photosession
– Produktion von Vorab-Kassetten für spezielle Medienpartner
– Erstellen von Pressefotos und Biographie (Pressemappe)
– Einholen von Video-Storyboards für die erste Single

KW 3
– Interne Präsentation des Produkts bei den Serviceabteilungen
– Absprache über Kooperation mit Medienpartnern (z.B. TV-Sendung, größere Pressestories mit langem Vorlauf)

KW 4
– Fertigstellung des Druckwerks (CD-Booklet, Inlaycard etc.)
– Fertigungseinleitung von Album und Single

KW 5
– Auswahl der Videoproduktionsfirma zur Erstellung des Videoclips

KW 6
– Gratisbemusterung der Single-Vorabauskopplung an ausgewählte Partner bei Funk, TV, Presse, Diskotheken

KW 7
– Start der Media-Control-Überwachung der Single-Funkeinsätze

KW 8
– Fertigstellung des Videoclips
– Präsentation des Clips in der Playlistensitzung bei VIVA/MTV
– Vermarktungskonzept an Vertrieb, inkl. Absprache von Sonderaktionen, WKZs etc.
– Albumpräsentation extern
– Vorabbemusterung des Albums nur an Presse wegen langer Vorläufe

KW 9
– Akquisitionsstart der Single
– Start VIVA Playlist

KW 11
– Veröffentlichung der Single
– VÖ-Aufhänger (z.B. große Abendsendung)

KW 12
– Chartentry der Single

KW 13
– Chartclimbing-Aktivitäten in Handel und Medien

KW 15
– Vorakquisition des Albums

KW 16
– Start Teasingaktionen fürs Album

KW 17
- Veröffentlichung des Albums
- Start der Werbemaßnahmen (z.B. Plakatierung, TV-/Funkwerbung, Anzeigen)

KW 18
- Bemusterung des Albums an Funk
- Chartentry Album

KW 19
- Chartclimbingaktionen zum Album
- Start Aktivitäten 2. Single

Inhalt des Konzepts

Abgesehen vom genauen Timing der Kampagne besteht das Vermarktungs-konzept aus den beiden großen Bereichen Werbung und Promotion: Der (Marketing-)Mix macht's. Man unterscheidet die beiden Bereiche, denn per se kostet Promotion kein Geld, während Werbung kräftig am Budget knabbert. Im folgenden werde ich diese These genauer unter die Lupe nehmen und die einzelnen Bereiche erläutern.

Promotion

Die neue Single wird im Radio umsonst gespielt, die Zeitungen drucken gratis das Interview des Künstlers ab, der Künstler wird in eine Talkshow im Fernsehen eingeladen, in den Diskotheken wird zu dem neuen Hit getanzt etc. Die Promotion kostet auf den ersten Blick wirklich nichts, sie ist indirekte bzw. unbezahlte Werbung. Schaut man genauer hin, sieht man allerdings personal- und zeitintensive Mechanismen, die betriebswirtschaftlich betrachtet durchaus Kosten verursachen.

Die Absicht der Tonträgerfirma ist es, Öffentlichkeit zu schaffen für ihre Künstler und die Medien dafür zu gewinnen. Dies steht häufig konträr zum Ziel und Auftrag der Redaktionen, die über Spannendes und Neues berichten wollen. So stellt sich für die Medien zum Beispiel die Frage: Ist die Debütsingle vom mittelmäßigen Newcomer für unsere Hörer/Leser/Zuschauer auch wirklich interessant? Da scheiden sich dann oft die Geister.

Die Promotionbereiche der Plattenfirmen sind in die Gebiete Funk, Presse, TV und Clubs unterteilt. Diese meist auch personelle Abgrenzung macht Sinn, da je nach Musikstil nicht alle Bereiche überhaupt relevant sind.

Wie die Promotionabteilungen „ticken", war ja schon im ersten Kapitel zu lesen. Alle Produkt Manager „laden" ihre Themen in der Promotionabteilung ab. Dies führt nicht selten zu Engpässen und einem gegenseitigen Verdrängen der zu promotenden Titel und Künstler. Zudem ist Überzeugungskraft und Fachkompetenz zu jedem Musikstil bei den Medien gefragt. Zwei Gründe, warum bei Spezialthemen gerne die Hilfe von Verlegern oder freien Promotionagenturen in Anspruch genommen werden. Dies geschieht auf Kosten des Künstlerbudgets, ist aber oft sinnvoll, um die notwendige Aufmerksamkeit bei den Medien zu erhalten.

Freie Promotionagenturen

Nachstehend eine alphabetische Liste einiger Agenturen, die Promotionaufträge übernehmen:

Bluebox Music & Media
Schwerer Reiter Str. 35
Haus 2 b
80797 München
Tel: 0 89/30 30 78
Fax: 0 89/30 30 79

Gordeon Music Promotion
Brunnenstr. 181
10119 Berlin
Tel: 0 30/28 49 60-0
Fax: 0 30/28 49 60-25

Myrdin Music
Wilhelm-von-Capitaine-Str. 15/17
50858 Köln
Tel: 02 21/94 86 81-0
Fax: 02 21/94 86 81-34

PEP Medienservice
Aachener Str. 408
50933 Köln
Tel: 02 21/4 91 29 15
Fax: 02 21/4 99 28 38

Plugger Promotion
Libellenstraße 9
14129 Berlin
Tel: 0 30/8 31 53 24
Fax: 0 30/8 31 53 24

Pool Promotion
Marktstraße 13
80802 München
Tel: 0 89/34 00 74
Fax: 0 89/34 00 76

Powerplay
Auenweg 173
Geb. 1
51063 Köln
Tel: 02 21/98 10 28-10
Fax: 02 21/98 10 28-99

Public Propaganda
Bramfelder Chaussee 238 c
22177 Hamburg
Tel: 0 40/64 21 43-0
Fax: 0 40/64 21 43-43

Splendido
Hansaring 68-70
50670 Köln
Tel: 02 21/1 39 19 94
Fax: 02 21/1 39 24 76

Trend Kick
Burgunder Str. 8
50677 Köln
Tel: 02 21/31 70 76
Fax: 02 21/32 57 42

Konditionen, Preise, Spezialgebiete und nicht zuletzt die Qualität der einzelnen Promotionagenturen variieren stark und können hier nicht spezifiziert werden. Nachstehend werden die einzelnen Promotionbereiche im einzelnen beleuchtet.

Funk

Die Musiksendungen im Radio stehen bei den Informationsquellen über Musik-produkte immer noch ganz oben in der Rangliste. Das heißt, das Radio infor-miert nicht nur über Musik, sondern löst allein schon durch das Spielen der Titel unbewußte und bewußte Verkaufsimpulse aus. Schließlich kauft man Musik nur selten ungehört. Umgekehrt wäre es ohne die Tonträgerindustrie still auf dem deutschen Äther. Das gegenseitige Abhängigkeitsverhältnis zwischen Tonträger-industrie und Hörfunk ist offensichtlich.

Geregelt wird dieses Verhältnis durch ausgeklügelte Abonnementsverträge, durch die die Sendeanstalten alle neuen Veröffentlichungen der Tonträgerfirmen automa-tisch bekommen. Diese Verträge bestehen bei allen ARD-Sendern und einem gro-ßen Teil der privaten Stationen. Kleinere Sender, die sich an diesem System nicht beteiligen wollen oder können, kaufen ihre Tonträger wie wir „Otto Normalbürger".

Der Hörfunk hat eine herausragende Stellung bei den Promotiontools. Album-präsentationen sind zwar in der heutigen Radiolandschaft kaum noch möglich: Es werden nur Hits gespielt, und so setzt man alles auf die Single(-auskopplung). Mit dieser wird getestet, ob der Titel gefällt und den Hörer neugierig auf das Album macht. Wie oft der Track bei den Radiostationen zum Einsatz kommt, ist ein wichti-ges Indiz für die Hitfähigkeit des Titels. Wo und wann die Single gespielt wurde, läßt der Produkt Manager durch das Baden-Badener Institut „Media Control" überwa-chen und beäugt ganz genau die Entwicklung und Verteilung der Einsätze. Sie sind wichtige Grundlage, um weitere Marketinggelder gezielt einzusetzen und das Po-tential der Nummer einzuschätzen. Darüber hinaus sind die Radioeinsätze eines Tracks bis zu einem bestimmten Grad für die Ermittlung der Single-Verkaufscharts relevant (mehr dazu im Kapitel „Erfolgskontrolle/Chartsysteme", Seite 143).

Der Hörfunk bietet ein weiteres wichtiges Erfolgsbarometer: die Airplaycharts. Sie sind nicht identisch mit den Media-Control-Verkaufscharts, denn sie spiegeln nur die je nach Sender gewichteten Radioeinsätze wider. Ein Radiohit ist dabei nicht zwangs-läufig auch ein Verkaufsschlager. Es gibt tatsächlich Titel, die „rauf und runter" ge-spielt werden, die aber wohl so banal oder unauffällig sind, daß sie sich trotzdem nicht verkaufen. So dudelte der Sommertitel „Reggae Sunshine" überall, erwirkte aber nur knapp 4 000 Verkäufe. Nichtsdestoweniger zeigen die Airplaycharts sehr gut den Trend eines Titels an und lassen eine Prognose auf die zu erwartenden Verkaufscharts zu.

Neben der reinen Promotionarbeit sind auch Marketingkooperationen zwischen Tonträgerindustrie und Radiosender sinnvoll. Da es keine bundesweiten Sender gibt, haben sie nur regionale Auswirkungen. So schafft es ein Titel oft nicht, vom regiona-len Hype zum Hit zu werden.

Im Falle der Kooperation des Hamburger Radiosenders N-Joy und der Tonträger-firma Polydor lief es mit dem Gemeinschaftsprojekt „Love Message" perfekt: Das Benefizprojekt zugunsten der Aidshilfe wurde vom Sender initiiert und von Polydor bundesweit vermarktet. Der Titel wurde ein Riesenhit, lief dann auf allen Radiostationen bundesweit und „verkaufte Gold".

Um eine überregionale Präsenz im Radio zu erreichen, muß man also mit vielen Sendern parallel zusammenarbeiten. Lediglich Radio Energy ist eine Station, die in Hamburg, Sachsen, Berlin, Ludwigshafen und München vertreten ist und zentral in München über ihr Musikprogramm entscheidet. Eine weitere Möglichkeit der Zusammenarbeit besteht mit einem sogenannten Syndicator. Diese beliefern verschiedene Radiostationen mit ihrem Programm. So zeichnen sie z.B. ein Interview mit einem Künstler auf, verkaufen dieses an verschiedene Sender weiter und ermöglichen so eine nahezu überregionale Präsenz.

Des weiteren hat der Funk auch eine gewisse Mittlerrolle gegenüber dem Hörer inne: So hat der Hörer bei vielen Sendern die Möglichkeit, über Wunschsendungen direkt auf das Programm Einfluß zu nehmen. Und nicht zuletzt ermöglicht der Rundfunk dem Hörer den direkten Mitschnitt der ausgestrahlten Musik, z.B. durch Aufnahme auf eine Leerkassette.

Angenehm stumpf ist dieses Lied, das ich heut' morgen nur für dich schrieb. Angenehm stumpf ist die Melodie, hör sie einmal, und du vergißt sie nie. "

„Angenehm stumpf" aus dem Album „Neu!" von Andreas Dorau

TV

Seit Einführung des Musikfernsehens hat sich die TV-Landschaft für die Tonträgerindustrie gewaltig geändert. Schon früher gab es Einsatzmöglichkeiten für Videos (z.B. die wöchentliche Sendung „Formel 1"), aber mit MTV, VH 1, VIVA 1 und 2 eröffnet sich nicht nur ein neues Medium, um Musik zu präsentieren, sondern es hat sich auch ein teures Marketingtool etabliert: der Musikclip. Was im Musikfernsehen so rauf und runter läuft, sei jedem als „Lernprogramm" geraten, der einen Deal haben will. Hier sieht und hört man, was derzeit erfolgreich und trendy ist.

Musikvideo

Die visuelle Umsetzung der drei- bis vierminütigen Radioversion eines Tracks ist heute für Chartthemen Pflicht. Niemand kann auf die Unterstützung des Musikfernsehens verzichten und muß sich für die Chartshows der Sender optisch vorstellen können. Selbst zu einem für VIVA untypischen Titel wie „Time To Say Goodbye" von

Sarah Brightman und Andrea Bocelli wurde ein teures Video erstellt.

Was für Chartthemen ein „Muß" ist, bleibt für potentielle Chartanwärter eine gut zu überlegende Entscheidung. Die hohen Durchfallquoten bei den Playlistsitzungen der Musiksender und das hohe Produktionsbudget schrecken ab. Bei noch völlig unbekannten Künstlern ist die Videoproduktion ein riskantes Investment, nur bei langfristigen Verträgen und „Belief" in einen Künstler wird ein Video vom Start weg erstellt.

Das Problem, mit einem Newcomer in die Playliste des Musikfernsehens zu kommen, sei am Beispiel von VIVA dargestellt. VIVA kategorisiert seine Playlisten in vier verschiedene Rotationsstufen. Auf der höchsten, der „A"-Playliste, finden nur die Titel aus den aktuellen Top-20-Chartplazierungen ihre Ausstrahlung. Auf die „B"-Playliste kommen nur die Titel von Platz 21-50 der Media Control Single-Charts. Playliste „C" ist für die Chartplätze 51-100 reserviert. Die Playliste „N1" bietet die entscheidende Chance auch für Newcomer, auf VIVA gespielt zu werden. So ist es nicht weiter verwunderlich, daß pro Playlisten-Sitzung bis zu 70 Videos um drei oder vier frei Plätze konkurrieren; begehrte Playlistenplätze, die über Hit oder Flop entscheiden, denn: Was nicht auf der Playliste steht, wird auch nicht gespielt. Die vierte Playliste „N3" hat wenig Verkaufswirkung, da sie nur über Nacht zum Einsatz kommt.

```
VIVA:
A-Liste      3-4 x/Tag = 21-28 x/Woche
B-Liste      2-3 x/Tag = 14-21 x/Woche
C-Liste      1-2 x/Tag = 7-14 x/Woche
N1-Liste     1-2 x/Tag = 7-14 x/Woche
N3-Liste     3-5 x pro Woche nur nachts

MTV:
Heavy            (40-45 plays/Woche)
Hot              (25 x)
Breakout extra   (18 x)
Breakout         (15 x)
Overnight        (ab 22.00 h/8x)
M3               (8 x)
```

Videoclip-Einsätze je nach Playliste auf den Musiksendern

Manchmal läßt man auch ein sogenanntes EPK („Electronic Press Kit") zur Präsentation des Künstlers produzieren. Dies ist ein circa zehnminütiges „Filmchen" über den Künstler, in dem das Video zumindest teilweise integriert ist, das aber darüber hinaus Interviewschnipsel, Hintergrundinformationen etc. beinhaltet. Diese EPKs kommen zwar nur selten zur Ausstrahlung, können aber sinnvoll bei den Medienpartnern und den ausländischen Schwesterfirmen zum Vorstellen des neuen Signings eingesetzt werden.

Der praktische Ablauf einer Videoproduktion ist der folgende: Steht das Budget einer Videoproduktion fest, wird die Single mit Angaben und Fotos vom Künstler an verschiedene Videoproduktionsfirmen verschickt. Diese sprießen mit der immer weiter wachsenden Bedeutung des Musikvideos überall aus dem Boden. In Deutschland hat sich bereits ein Verband der Videoproduzenten gegründet, der versucht, die Lobby der Filmfirmen zu stärken und Probleme und Anregungen zu bündeln.

Die meisten Videoproduktionsfirmen verdienen ihr Geld mit gut bezahlten Werbespots und sehen die Clipproduktion als weniger lukrative, aber spaßige Abwechslung an. In der Tat erscheint dem kostenbewußten PM ein Musikclipbudget von DM 100 000 exorbitant hoch – im Vergleich zu den Etats der Werbebranche ist das aber ein kleiner Fisch.

Wie auch in vielen anderen Bereichen ist die gute Idee und die kreative Umsetzung zwar fast entscheidender als das Budget, allerdings sollte man unter circa DM 30 000,- die Finger von einer Videoproduktion lassen. Denn die z.B. VIVA angebotene Menge an perfekt produzierten Videos ist so groß, daß man sonst schon vom Qualitätsstandard her keine Chance hätte, das Video gespielt zu bekommen.

Die Videoproduktionsfirmen erstellen Storyboards, nach denen die Plattenfirma ihren Produktionspartner auswählt. Selten ist das Entscheidungskriterium die Firma, sondern die Story in Kombination mit dem gewünschten Regisseur. Schließlich erdenkt letzterer die Story des Videos und verleiht ihr seine (künstlerische) Handschrift. VIVA hat es den Produkt Managern der Plattenfirmen leicht gemacht, den passenden Regisseur für das nächste Projekt auszusuchen, da bei jedem ausgestrahlten Clip Regisseur oder Videoproduktionsfirma eingeblendet werden. Eine weitere Hilfe auf der Suche nach dem geeigneten Produktionspartner bietet das englische Magazin „Promo" (siehe Literaturliste), das in Deutschland per Abonnement zu beziehen ist und aktuelle Videos und seine Macher listet und porträtiert.

Die gute, alte Showtreppe

Abgesehen vom Musikfernsehen gibt es noch immer die bewährte „Familienshow mit Musikeinlage" à la „Wetten, daß...?", „Musik liegt in der Luft", „Fernsehgarten" etc. Es ist längst kein Geheimnis mehr, daß vor allem die Sendung „Geld oder Liebe?" diejenige ist, die am meisten Verkaufsreaktionen beim Publikum auslöst. Und dies ist für die Musikindustrie um so interessanter, da in den Fernsehshows auch relativ unbekannte Künstler präsentiert werden. Es liegt wohl an den salbungsvollen Worten des Moderators Jürgen von der Lippe, der jedem Zuschauer das Gefühl vermittelt, diese CD unbedingt kaufen zu müssen. Wird ein Interpret von der „Geld oder Liebe"-Redaktion aus der Masse der Angebote ausgesucht, löst das in der Marketingabteilung der Plattenfirma vielfältige Reaktionen aus: Der CD-Lagerbestand wird hochgefahren, der Tonträger mit dem Hinweis auf die Sendung bestickert (Der Hit aus „Geld oder Liebe"), die Handelspartner gebrieft, Künstler-Plakate mit Verweis auf die Show werden aufgehängt etc.

Gerade für den musikalischen Bereich „Middle Of The Road" und Schlager ist eine große Abendsendung mit ihrem millionenstarken Publikum immer noch ein wichtiges Forum, um die Künstler und ihre neuen Songs zu präsentieren. Nach dem Termin einer solchen Sendung wird die Veröffentlichung des Tonträgers ausgerichtet: Zum Tag des Auftritts muß der Tonträger bundesweit im Handel präsent sein und die Marketingkampagne beginnen.

Solche Sendungen kosten der Plattenfirma (viel) Geld. Die Gage der TV-Stationen ist meist dürftig und wird von der Plattenfirma gegen die Ausgaben gerechnet. Bei den anfallenden Reisekosten, Spesen, Instrumentenmieten etc. muß oft kräftig draufgezahlt werden. Die Künstler erhalten für solche Auftritte keine Gage, denn sie dienen ja der Promotion ihrer Veröffentlichung, an der sie lizenzseitig beteiligt sind. Lediglich gebuchte Bandmitglieder, Backgroundsänger etc. bekommen eine Tages- oder Auftrittspauschale.

Wohl allgemein bekannt ist die Tatsache, daß Musik im Fernsehen grundsätzlich per Playback dargeboten wird. Mit Ausnahme weniger Sendungen, wie z.B. des allseits beliebten „Grand Prix d'Eurovision" und der „ZDF Hitparade", bewegen die Sänger nur ihren Mund zur laufenden Aufnahme. Dies ist technisch sinnvoll, und wer die Hektik einer Live-Sendung einmal hinter den Kulissen miterleben durfte, weiß diese „Sicherheit" zu schätzen.

Ich schalt' die Glotze an, ich glotz' TV.

„TV-Glotzer" aus dem Album „My Way" von Nina Hagen

Presse

Die Pressearbeit ist ein wichtiger Baustein der Promotionarbeit, da sie das Image des Künstlers beeinflussen kann. Direkte Verkaufsreaktionen auf Meldungen über den Künstler oder Tonträger sind kaum meßbar, aber im Zusammenspiel mit den anderen Promotionaktivitäten sind sie durchaus sehr sinnvoll und fördern den Bekanntheitsgrad des Künstlers.

Die Bedeutung und Verkaufsauswirkung der Pressearbeit variiert stark je nach Musikstil. So ist der Printbereich bei „alternativen" Musikstilen wesentlicher Bestandteil einer Kampagne, während er bei Themen im „Middle Of The Road"-Bereich weniger Bedeutung hat: Die Doppelseite über Sepultura im Musikmagazin *Visions* und die vier Seiten über Lil'Kim im *Spex* treiben den Leser in den Laden, der *Hör-Zu*-Bericht über Udo Jürgens' Bühnenjubiläum hält nur dessen Namen präsent. Der erste

„Backstage-Bericht" in der *Bravo* über die neue „süße" Boysgroup kann dagegen deren Durchbruch bringen.

Die Möglichkeiten, in der Presse Berichte und Interviews mit Künstlern, Rezensionen der Tonträger etc. unterzubringen, sind so mannigfaltig wie die „Presselandschaft" selbst. In Deutschland gibt es Tausende von Publikums- und Fachzeitschriften, deren Vielfalt man ansatzweise in großen Bahnhofskiosken bestaunen kann. Das Spektrum reicht vom Magazin *Altenpflege* über *Der Angler* bis zum *ADAC-Magazin*, dem mit weit über zehn Millionen monatlichen Exemplaren auflagenstärksten (an Mitglieder verschickte) Magazin bundesweit. Freilich finden nur in einem Bruchteil der Veröffentlichungen Berichte über Künstler oder Musik statt, doch bleibt die Vielfalt unübersichtlich groß.

Die Kunst professioneller Pressearbeit besteht darin, die Story über den Künstler termingerecht, also zur Veröffentlichungskampagne eines Tonträgers, im zielgruppengerechten Blatt zu plazieren. Hierfür muß man je nach Redaktionsschluß des Printmediums frühzeitig Informationsmaterial verschicken und vorab Interviews und Fotosessions organisieren. Allerdings ist die Nachfrage seitens der Presse (Redaktionen) weit geringer als das Angebot seitens der Promotionabteilungen. Viele Blätter haben nur eine Seite, auf der sie über Musik berichten, was einen Verdrängungswettbewerb unter den Themenanbietern entstehen läßt. Den Journalisten reicht nur selten die bloße Meldung, daß ein neues Album von YX erscheint, sondern die „Story" muß her. So basteln Künstler, Produkt Manager und Promotionabteilung gerne an dem „Aufhänger", der eine Medienresonanz erhoffen läßt – sei es ein kleiner Skandal, sei es die knapp verhinderte Katastrophe, sei es eine bewußt lancierte Falschmeldung.

Umgekehrt gibt es durchaus auch „Verhinderungs-Taktiken" seitens der Pressepromotion, damit bestimmte „Informationen" nicht veröffentlicht werden. Diese werden insbesondere bei der Yellow Press angewandt, da eine intime Homestory über den Künstler nicht eine einzige Platte mehr verkauft. Das sind Interessenskonflikte, die an der Tagesordnung sind und den schnellen Rollenwechsel in der Zusammenarbeit mit den Medienpartnern deutlich machen.

Die verschiedenen Presseorgane, in denen Musik „stattfindet", kann man in die nachstehenden Bereiche untergliedern.

Musikfachpresse

Vom Umfang hinsichtlich der Berichterstattung ist alles möglich, musikalisch orientiert man sich an Rock/Pop mit „gewissem" Anspruch. Die Erscheinungsweise ist monatlich. Redaktionsschluß ist sechs bis acht Wochen vor Erscheinen des Blattes. Beispiele: *Musik Express*, *Rolling Stone*, *Spex*, *Zillo*.

Illustrierte

Musikthemen sind nur bedingt möglich. Normaler Redaktions-Vorlauf von vier Wochen, bei Topthemen geht es aber auch wesentlich schneller. Die Blätter erscheinen wöchentlich immer donnerstags. Beispiele: *Stern*, *Gala*.

Zeitgeistmagazine

Porträts über Künstler bis Album-Rezensionen sind möglich über eher progress ve, trendorientierte Themen. Die Redaktion hat einen Vorlauf von circa acht Wochen. Beispiele: *Max*, *Men's Health*.

Klassische Frauenmagazine

Vom Umfang her ist alles möglich, bei einem Vorlauf von sage und schreibe drei Monaten. Die Erscheinungsweise ist 14tägig oder monatlich. Beispiele: *Brigitte*, *Elle*, *Freundin*.

Teeniepresse

Vom Umfang ist alles möglich, sogar Rezensionen über Singles. Der Schwerpunkt liegt auf Teenie-Acts, mit denen sich die Jüngsten identifizieren können. Der Vorlauf variiert zwischen zwei und sechs Wochen. Beispiele: *Bravo*, *Pop/Rocky*, *Popcorn*, *Mädchen*.

Stadtmagazine

Sie ähneln inhaltlich den Zeitgeistmagazinen, konzentrieren sich aber auf einen regionalen Schwerpunkt mit etwas jüngerer Zielgruppe und erscheinen jeweils zu Monatsbeginn. Häufig werden sogar die Titelseiten verkauft. Der Vorlauf beträgt circa vier bis sechs Wochen. Beispiele: *Prinz* (verschiedene Regionalausgaben), *Schädelspalter*, *Tip*, *Zitty*.

POS-Magazine

Musikzeitschriften am „Point Of Sale", die gratis beim jeweiligen Händler ausliegen. Hier ist vom Umfang her alles möglich, wobei die redaktionelle Berichterstattung nicht selten in Verbindung mit einer (teuer bezahlten) Anzeige erscheint. Der Vorlauf beträgt circa zwei Monate. Beispiele: *WOM Journal*, *Karstadt Music News*, *Aktiv*.

News-, Wochenmagazine

Alles ist möglich, aber das auf hohem Niveau. Der Vorlauf beträgt circa vier Wochen, allerdings kann bei Top-News auch viel schneller berichtet werden. Beispiele: *Spiegel*, *Focus* (erscheinen beide jeden Montag), *Die Woche*, *Die Zeit* (erscheinen jeweils donnerstags).

Programmzeitschriften

Alles ist möglich, was massenkompatibel ist und dazu noch einen „Fernseh-Aufhänger" hat. Der Vorlauf beträgt vier bis sechs Wochen, wobei die Hefte wöchentlich oder 14tägig erscheinen. Beispiele: *TV Movie*, *Hör Zu*.

Tageszeitungen

Kurze Berichterstattungen, wobei es praktisch keinen Vorlauf gibt und man von Tag zu Tag arbeitet. Bei lokalen Zeitungen ist der regionale Bezug oft Voraussetzung. Beispiele: *Hamburger Abendblatt*, *Berliner Zeitung*, *Die Welt*, *Frankfurter Rundschau*, *FAZ*, *Süddeutsche Zeitung*.

Supplements

Dies sind wöchentliche Magazine, die Tageszeitungen beiliegen, in denen Musik in Form von Rezensionen und Berichten stattfinden kann. Beispiele: *RTV*, *Zeit-Magazin*.

Fanzines

Magazine verschiedenster Erscheinungsweise, von selbst kopiert bis aufwendig vierfarbig, für und von Kennern einer bestimmten Szene. Von der Meldung bis zum mehrseitigen Porträt ist alles möglich, allerdings bei einer geringen Auflage, aber sehr zielgruppengerichtet. Beispiele: *Beam Me Up*, *Brett Rutscher*, *Totentanz*, *Artige Zeiten*.

Yellow Press

Personality-Storys, Homestorys. Kaum Verkaufsauswirkung. Vorlauf: zwei Wochen. Beispiele: *Das Goldene Blatt, Frau im Spiegel, Neue Welt, Bild der Frau.*

Presseagenturen

Diese verwerten tagesaktuell besondere Meldungen, vorzugsweise über namhafte Künstler oder von überregionalem Interesse und streuen sie an ihren Verteilerstamm (besonders Tageszeitungen in ganz Deutschland). Der Abdruck der Meldungen ist nur nachvollziehbar, wenn man einen Ausschnittsdienst beauftragt, der die Ausgaben der Printmedien in den Regionen überwacht. Beispiel: dpa, Reuters, Public Address.

Die zur Veröffentlichung eines Tonträgers zusammengetragenen Presseberichte münden im Pressespiegel, der einen Überblick über die Aktivitäten bietet und nicht nur archiviert wird, sondern auch als Argumentation gegenüber dem Handel eingesetzt wird.

Diskotheken

Die Plattenfirmen haben längst erkannt, daß Clubs nicht nur riesige Abtanzhallen für die Vorstadtcliquen und Szeneläden für die Städter sind, sondern daß hier Hits und Trends entstehen. Die Bandbreite der Diskotheken ist groß und genauso vielfältig wie die Musikstile – vom kleinen Drum'n'Bass-Club mit wechselnder Location bis zum Großraumladen im Industriegebiet am Stadtrand, der die Top 40 der Charts dudelt, gibt es für fast jede Musikrichtung etwas.

Hier wie dort kann man zielgruppengerecht Titel über befreundete DJs auf der Tanzfläche testen lassen und Titel im Vorfeld promoten. Schon weit vor der handelsseitigen Veröffentlichung eines Dance-Titels werden alle relevanten DJs bundesweit mit dem Track bemustert. So bleibt genug Zeit, die Reaktionen auf den Titel zu beobachten, zu sammeln und argumentativ gegenüber dem Handel aufzubereiten. Oft vergehen zwei Monate, in denen die Kids zu einem Track tanzen, bevor er, abgesehen von einigen Trend-Läden, käuflich erhältlich ist. Man geht von circa 600 DJs bundesweit aus, die regelmäßig in Clubs Scheiben auflegen. In der Tat ist die DJ-Szene das letzte verbleibende Klientel, das noch regelmäßig Vinyl-Platten braucht und einsetzt. So wird bis heute extra eine Sonderauflage Maxis gepreßt, die nur der Bemusterung der DJs dient.

Oft werden dafür sogenannte „Weißmuster" hergestellt, die ohne Etikettierung und in unbedruckter Hülle frühzeitig von der Fabrik ausgeliefert werden. Nach der

„Normalveröffentlichung" sind Remixe eines Titel auf Vinyl zum Muß geworden, die den Song in verschiedenen Stilen darbieten. Diese verschiedenen Versionen verlängern die Lebensdauer des Titels erheblich. Man versucht, allen Geschmäckern gerecht zu werden und bietet unterschiedlichste Mixe zielgruppengerecht an. Die Auswahl des geeigneten Remixers ist die diffizile Aufgabe von A&R und Künstler. Name-Dropping ist hier genauso wichtig wie die richtige BPM-Zahl (Beats per minute). Die Kosten für das Remixen durch Dritte werden in vielen Bandübernahmeverträgen gesondert geregelt: Oft gehen 50 Prozent der Remixkosten zu Lasten des Lizenzkontos des Künstlers. Hier werden also, wie bei den Videoproduktionen, Kosten mit den Künstlereinnahmen verrechnet.

Kommt der Remix genau dann, wenn die Originalversion ihren Zenit eben überschritten hat, kann er einen neuen Schub für den Track hervorrufen. Dies wirkt sich auch auf die Media-Control-Charts aus, denn die Verkäufe von Original und Remix werden bei der Ermittlung zusammengezählt.

Die DJ-Promotion wird von den Plattenfirmen teilweise selbst organisiert, oft werden aber auch Aufträge an externe DJ-Promoter vergeben. Vorzugsweise gehen die Aufträge an die Agenturen, die auch an der Erstellung von Dancecharts beteiligt sind. Von diesen Agenturen gibt es viele mit unterschiedlichen musikalischen Schwerpunkten und voneinander abweichenden Dancecharts, wie im Kapitel „Erfolgskontrolle/Chartsysteme", Seite 143, beschrieben. Diese Charts zeigen Trends an, bilden aber nicht die realen Handelsverkäufe ab.

Konzerte

Eine weitere wichtige Möglichkeit, den Tonträger zu promoten, liegt in der Bühnenpräsenz des Künstlers. Live-Veranstaltungen für Künstler werden in der Regel nicht von den Plattenfirmen organisiert, denn hier gibt es extra Branchenexperten: die Konzertveranstalter.

Einzige Ausnahme sind sogenannte Promo-Gigs, die die Plattenfirma selbst auf die Beine stellt. Dieses sind geschlossene Veranstaltungen, bei denen der Künstler ausgewählten Partnern aus Medien und Handel präsentiert wird. So mancher Star von morgen begann in einer solch intimen Atmosphäre seine Karriere, und es ist faszinierend zu beobachten, wenn dieser Künstler nur kurz später Stadien füllt.

Für die Ausrichtung kommerzieller, öffentlicher Live-Auftritte kooperiert die Plattenfirma mit Konzertveranstaltern. Diese haben entweder die Künstler bereits unter Vertrag, wenn es zu einer Tonträgerveröffentlichung kommt, oder bekommen von der Plattenfirma den Künstler vorgeschlagen. Ziel der Zusammenarbeit ist die gegenseitige Bewerbung der parallelen Aktivitäten – sicherlich zum Nutzen des Künstlers. Hierbei ist es durchaus üblich, daß aus Marketinggründen die Optik und das Motto des Tonträgers mit dem des Tourneeplakats korrespondiert. Oft übernimmt die Plattenfirma die Kosten für die Erstellung und den Druck der Plakate und integriert ihrerseits einen Verweis auf den zur Verfügung stehenden Tonträger in die Konzertankündigung.

Besonders bei Newcomern muß die Plattenfirma tief aus dem Marketingtopf schöpfen, um den neuen Act im Vorprogramm eines – die gleiche Zielgruppe ansprechenden – hallenfüllenden Künstlers zu plazieren. Diese immensen Kosten für das Label stehen manchmal in keinem erfreulichen Verhältnis zum Nutzen: Der Support Act, also die Vorgruppe, spielt oft bei schlechtem Sound, hellem Licht, während das Publikum sich noch mit Bier und Brezeln eindeckt und auf den Headliner wartet.

Nichtsdestoweniger ist die Live-Präsenz ein wichtiger Baustein für die Etablierung eines Künstlers. Konzerte in schmuddeligen Clubs vor weniger als 30 zahlenden Gästen, Auftritte bei verregneten Open-Air-Events und verpatzte Solo-Einlagen bei Festivals pflastern den langen Weg bis zum ersten Live-Album.

Werbung

Verglichen mit der zeitaufwendigen und arbeitsintensiven Promotionarbeit ist hier das Geldausgeben einfach. Werbung sinnvoll zu schalten erfordert allerdings Medien- und Marketingkenntnisse, die man vor allem durch Erfahrung erwirbt. Wann der Einsatz von Geld auch wirklich eine Verkaufsauswirkung hervorruft, lernt man am besten, indem man musikalisch ähnliche Kampagnen und ihre Erfolge beobachtet. Nicht zuletzt durch Ausprobieren und mutiges Beschreiten neuer Wege ist so manche Werbeaktion erfolgreich geworden; denn erst die ungewöhnliche Idee schafft die notwendige Aufmerksamkeit. Mit ausgetretenen Pfaden à la „bißchen Anzeigen schalten und plakatieren" kann man zwar nicht wirklich etwas falsch machen, aber zur Kür reicht es nicht.

Kampagnen, die bei Markenartiklern von Werbeagenturen entwickelt und betreut werden, müssen vom Produkt Manager der Tonträgerfirma üblicherweise selbst konzipiert und organisiert werden. Das Budget für eine Veröffentlichung läßt meist nichts anderes zu, und auch die nötige Fachkenntnis für die Vermarktung von Musik ist nur schwer zu vermitteln. (Seltene) Ausnahmen bestätigen die Regel: So wurde die Kampagne zur Vermarktung des Groenemeyer-Live-Albums der Hamburger Agentur „Büro X" überlassen. Normalerweise wird lediglich für reinen Mediabuchungen (z.B. Schalten von Funkspots) eine Agentur zwischengeschaltet.

Je nach Repertoire gibt es natürlich verschiedenste Vermarktungswege. Die „Klassiker" fürs Geldausgeben bleiben Funk-, TV- und Kino-Werbung, Anzeigen, Plakatierungen und Werbung am POS (Point Of Sale, also im Handel). Nachstehend eine kurze Übersicht über die Vor- und Nachteile der Maßnahmen.

Funkwerbung

Funkwerbung für Musik bedeutet, daß in den Werbepausen der Radiostationen zwischen den Spots fürs Autohaus und dem neuen Schokoriegel ein Tonträger angepriesen wird.

Um einen überregionalen Effekt zu erzielen, müssen bundesweit diverse Lokalsender gebucht werden. Insbesondere die reichweitenstarken, meist öffentlich-rechtlichen Sender sind teuer! Eine Schaltung macht nur Sinn bei Themen, die bereits etabliert sind und ein ganz breites Publikum haben, z.B. das neue Album von Elton John. Schließlich wird Radio von „jedem" gehört – die Zielgruppe ist breit und diffus. Zudem müssen in den üblicherweise 15 Sekunden langen Werbespots alle Informationen so rübergebracht werden, daß sie aus dem Werbeblock herausstechen. Dabei muß mindestens ein (Hit-)Titel angespielt werden und die notwendige Information über Interpret und Albumtitel vermittelt werden.

TV-Werbung

Fernsehwerbung in den öffentlich-rechtlichen Sendern ist noch immer fast nicht bezahlbar. Dafür boomt die TV-Werbung für Tonträger auf den privaten Sendern und insbesondere bei den Musiksendern. Wo kann man auch zielgruppengerechter und freier von Streuungsverlusten Musik bewerben?! Bei MTV und VIVA sitzt genau das junge, musikkonsumierende Zielpublikum vor dem Fernseher, das für den größten Teil des Umsatzes sorgt.

Hier ist die TV-Werbung selbst für Singles gang und gäbe geworden. Was früher aus Kostengründen undenkbar war, heißt heute schlicht „Singlemarketing". Die Kampagne lohnt, wenn die Single daraufhin den Sprung in die Charts schafft und in der Folge umsatzträchtige Albumverkäufe initiiert.

Die Produktion des Werbespots ist relativ unaufwendig, da sie zumeist auf dem zur Verfügung stehenden Video-Footage der Single basiert. Dies birgt den weiteren Vorteil, daß der Wiedererkennungswert zum möglichst auf der Playliste befindlichen Musikclip gegeben ist.

Es ist technisch möglich, den Clip umzuformatieren und für (teure) Kinowerbung einzusetzen. Hier geben insbesondere die irrsinnig aufwendigen Spots der Zigarettenindustrie den Qualitätsstandard der Werbung vor, neben dem man nur schwer bestehen kann. Ist der Clip über die Band oder das neue Album allerdings wirklich gut, bietet das Kino den Vorteil der ungeteilten Aufmerksamkeit seitens des Zuschauers.

Genauso wie bei der Funkwerbung ist der Zeitraum der Bewerbung bei Kino und Fernsehen meist sehr kurz, denn die Spots sollten geballt gesendet werden, um einen meßbaren Verkaufsimpuls auszulösen. So ist nach einer Woche das Budget meist verpulvert. Aber: Ist der Zeitpunkt geschickt gewählt, kann dies die entscheidende Verkaufsauswirkung zum Chartentry haben. Angenehm, weil budgetentlastend und daher gefragt, sind in diesem Fall finanziell unterstützende Kooperationen mit einem Handelspartner, z.B. Mediamarkt, der am Ende des Spots dann gerne genannt wird.

Printwerbung

Wie heißt es immer so schön: „Anzeigen kann man nicht hören", und in der Tat macht Printwerbung nur Sinn, wenn sie ein Baustein einer Kampagne ist. So erhöhen Anzeigen den Wiedererkennungswert einer Albumoptik und haben informativen Charakter, kündigen z.B. eine Neuveröffentlichung an. Die Verkaufsreaktion ist je nach Musikgenre sehr unterschiedlich: Bei alternativen Musikstilen ist diese wesentlich höher zu bewerten als bei Mainstreamthemen.

Auf regionaler Ebene bietet sich die Printbewerbung besonders in Verbindung mit Livekonzerten an. Auf überregionaler Ebene machen Anzeigen vom Preis-Leistungs-Verhältnis her meist nur in den reinen Musikzeitschriften oder POS-Magazinen Sinn. Der Werbeeffekt wird häufig zusätzlich unterstützt durch eine redaktionelle Berichterstattung über den Künstler, die im Gegenzug von der Redaktion meist für die folgende Ausgabe zugesagt wird.

Sehr beliebt – und im Sinne der Imageförderung eines Künstlers auch vernünftig – sind die Anzeigen in den Branchenmagazinen *Musikmarkt* und *Musikwoche*. Hier wird zwar kein Konsument erreicht, aber Handel, Mitbewerbern und nicht zuletzt Künstlern die Bedeutung einer Kampagne klargemacht. Diese Anzeigen erscheinen üblicherweise kurz vor dem Akquisitionsstart des Tonträgers und bieten teilweise detaillierte Informationen über die Maßnahmen zur Veröffentlichung.

Die CD-Beilage kann man der Printwerbung zuordnen. Diese CD, die im Magazin integriert ist, besteht aus einer Compilation mit verschiedenen Neuerscheinungen. Zunächst leistete sich nur der *Rolling Stone* den Luxus einer dem Heft beiliegenden CD. Der Konsument sollte nicht mehr bezahlen, aber ausgewählte Themen musikalisch auf CD und redaktionell im Heft präsentiert bekommen. Finanziert wurde das Konzept von den willigen Plattenfirmen, die für eine Titelpräsentation auf diesem Tonträger bezahlen mußten und dies als sinnvolles Marketingspending ansahen. Die Idee fanden andere Magazine auch gut, und die Flut der folgenden CD-Beilagen reichte vom Zeitgeistmagazin *Max* über das Musikmagazin *Visions* bis zur Frauenzeitschrift *Joy*.

Plakatierung

Eine bundesweite Plakatierung ist ein kostspieliger Spaß in satt sechsstelliger Höhe, die sich dennoch großer Beliebtheit erfreut. Und das, obwohl Konsumenten immer noch oft Plakatierungen zum neuen Album für Konzertankündigungen halten.

Die Doppel-A o und größeren Plakate mit dem Konterfei des Künstlers machen ja auch schon was her – das ist gut für den Werbeeffekt und fürs Image. Die legalen, teuer bezahlten Möglichkeiten reichen von der Buchung der klassischen Litfaßsäule über die Plakatierung der U- und S-Bahnhöfe und der Citylightbelegung an Bushaltestellen bis zur Bauzaunbeklebung. Die Beschreibung der Möglichkeiten macht wohl auch schon die Problematik klar: Die Bewerbung ist nur in Ballungszentren präsent, das „platte Land" und Städte unter 100 000 Einwohner bekommen nichts mit. Zudem bleibt bei den geforderten Preisen kleineren Labels kaum eine andere Möglichkeit, als selbst „wild" zu kleben.

POS

Werbung am POS (Point Of Sale), also direkt im Handel, kann sich nur an die richten, die sowieso schon in die Verkaufsräume gekommen sind, um sich zu informieren oder um zu kaufen. Marktstudien haben das Verhalten des Käufers bereits analysiert und sind zu teilweise überraschenden Ergebnissen gekommen: So verbringt der Durchschnittskunde circa acht Minuten im Tonträgergeschäft, wobei man davon ausgeht, daß nur jeder Dritte auch einen Kauf tätigt. Übrigens: Interessanterweise entscheidet der potentielle Käufer oft über das Betrachten der Verpackungsrückseite, ob er die CD erwirbt oder nicht.

Die Werbemöglichkeiten im Handel sind vielfältig und reichen von bedruckten Plastiktüten über das Auslegen von Flyern bis zum Aufstellen von Verkaufsmöbeln. So sind besonders Thekenaufsteller für ca. 30 CDs sehr beliebt, die direkt an der Kasse plaziert werden. Aber auch Leuchttafeln mit wöchentlich wechselndem Schwerpunkt werden installiert oder grelle Lagerfachkarten in die Racks gestellt, damit man die CD des zu bewerbenden Künstlers optimal findet. Jedem Mitarbeiter einer Plattenfirma kann man nur dringend raten, auch, oder gerade wenn er nicht im Vertrieb arbeitet, immer wieder vor Ort die Stimmung „an der Basis" aufzusaugen und neue Möglichkeiten und Entwicklungen zu beobachten.

Marktforschungstests haben eindeutig bewiesen, daß Plakatierungen in den Schaufenstern und Verkaufsräumen kaum Verkaufsauswirkungen auf das beworbene Album haben. Kein Wunder, denn 65 Prozent der Konsumenten, die einen Laden betreten, sind sogenannte Zielkäufer, wissen also bereits, welchen Tonträger sie erwerben wollen. Aus Imagegründen finanzieren Plattenfirmen trotzdem so manche Dekoration und so einige Deckenhänger und Poster im Handel.

Das sollte zumindest dann geschehen, wenn der Künstler persönlich vor Ort ist. Autogrammstunden mit namhaften Künstlern sind gerade bei Neueröffnungen und Jubiläen im Handel gerne gesehen. Bei vernünftiger Vorbereitung kann dies auch eine gute, verkaufsfördernde Aktion sein – schade bloß, wenn das gesamte Hauspersonal – mangels Fans – reihum zum Abholen eines Autogramms geschickt werden muß.

Beliebter sind da schon die Kooperationsangebote der einzelnen Häuser: Der Megastore WOM (World Of Music) mit seiner „WOM-Titelkampagne" ist wohl das Paradebeispiel einer künstlerbezogenen Zusammenarbeit. Pro Monat wird von der WOM-Redaktion ein Act ausgewählt, der auf dem Titel des WOM-Magazins prangt. Die Optik findet sich damit in der gesamten Kampagne wieder, die von einer Litfaßsäulenplakatierung über Großdekorationen und Kopfhörerbelegung in den Filialen bis zu WOM-Anzeigen in Stadtmagazinen reicht. Klasse Rundumschlag, den die Plattenfirma allerdings teuer bezahlen muß.

Abschließend bleibt anzumerken, daß die Werbung- und Marketingspendings für Tonträger immer größer und wichtiger geworden sind. Wenn möglich, versucht man zwar, die Kosten und Risiken einzudämmen, aber die Etats wachsen weiter.

Verschiedene Phasen

Bei all diesen Beispielen zum Geldausgeben ist es wichtig, das Budget auf mindestens zwei Phasen zu verteilen und nicht gleich alles Geld zu verpulvern. Je nach Entwicklung einer Kampagne braucht man Mittel zum Nachhaken. Immer beliebter wird ohnehin die Bewerbung vor der Veröffentlichung des Tonträgers. Diese Teaser, die man sowohl in der Funk- und TV-Werbung, im Handel als auch bei Anzeigen immer häufiger sieht, werden aufgrund des „neuen" Chartssystems wichtig, da sie einen sofortigen hohen Chartentry bewirken.

Nachstehend sei eine Albumkampagne beispielhaft in verschiedene Phasen unterteilt, die sich über ein ganzes Jahr erstrecken können:

Phase 1
Teasing, beginnend circa zehn Tage vor der Veröffentlichung des Tonträgers, um frühe Käufe zu initiieren und einen hohen Chartentry zu sichern, z.B. über Plakat-Ankündigungen am POS oder TV-Spots mit Angabe des Veröffentlichungstermins („noch vier Tage, noch drei Tage, ...")

Phase 2
Marketing zur Veröffentlichung, genau gerichtet auf die spezifische Zielgruppe (enge „target group"), um weitere Verkäufe zu gewährleisten und eine Chartspräsenz auf hohem Niveau sicherzustellen, z.B. über Werbung im Musik-TV, Printwerbung etc.

Phase 3 (nur bei Erfolg von Phase 2)
Marketing, gerichtet auf eine breitere, aber auch diffusere Zielgruppe, um weitere Käuferschichten zu erreichen, z.B. über Funkwerbung, Bauzaunplakatierung etc.

Phase 4
Marketing zu einer weiteren Singleauskopplung des beworbenen Albums, wobei es jetzt mit der Strategie der Phase eins wieder losgeht.

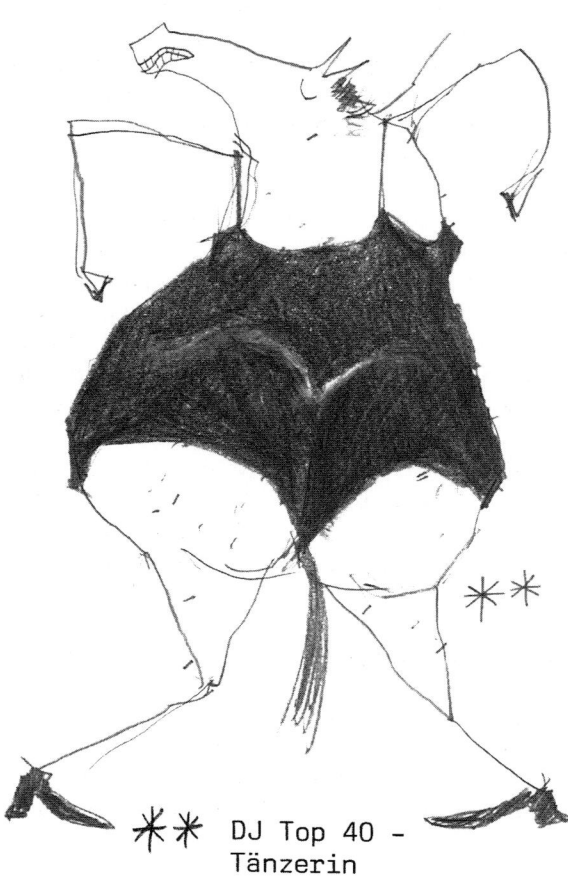

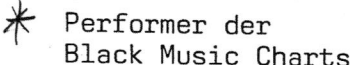

* Performer der
Black Music Charts

** DJ Top 40 -
Tänzerin

ERFOLGSKONTROLLE/ CHARTSYSTEME

Erfolg mit Authentizität

Heute kann man prinzipiell in jedem musikalischen Segment erfolgreich sein. Nun mag es bei Zwölftonmusik schwieriger sein als beim deutschsprachigen HipHop, aber entscheidend ist, daß der Musiker in seinem Bereich authentisch und glaubhaft ist. Erfolg, der nach Mainstream und Kommerz riecht, wird dabei von vielen Musikern zumindest verbal abgelehnt. Jeder Musiker wünscht sich Öffentlichkeit für seine Musik. Auch die, die alternative Stilrichtungen bevorzugen und nur eine kleine Zielgruppe ansprechen, werden nicht abstreiten, daß sie gerne vor gefüllten Hallen spielen und ihre Platten verkaufen wollen.

Irgendwie erinnert mich diese Angst vor der Kommerzialität an ein anderes Phänomen: Alle Schlagersänger haben Probleme mit ihrem Image und wollen lieber Rocksänger sein. So gibt es z.B. bei jedem Wolfgang-Petry- und bei jedem Howard-Carpendale-Konzert mindestens einen Rock'n'Roll-Titel. Warum kann man nicht einfach sagen „Ich bin gerne Schlagerstar" oder „Ich mache gerne Musik, die der breiten Masse gefällt". Ich glaube nicht, daß das die Tonträgerverkäufe verringern würde; und die Medien würden begeistert darauf einsteigen.

Das Wort „kommerziell" ist mehrfach negativ belegt und klingt nach angepaßt und platt. Dabei ist es gar nicht einfach, kommerziell zu sein! Aber was ist schon kommerziell – wenn Rammstein mit Platin ausgezeichnet wird oder wenn das gleiche bei Scooter passiert?

Und wer will objektive Maßstäbe anlegen, ob Musik gut oder schlecht ist? Über Geschmack läßt sich bekanntlich streiten, und jeder hat einen anderen Anspruch an Musik: Der eine will sich mit Hintergrundmusik nur entspannen, der andere läßt sich von kreativen Songstrukturen inspirieren.

Erfolg, egal wie?

In jedem Fall brauchen die Plattenfirmen kommerziellen Erfolg, denn der steht für Umsatz, und damit überleben sie und reinvestieren letztendlich wieder in neue Künstler. Wie in jedem anderen Industrieunternehmen muß Erfolg geplant und rückwirkend kontrolliert werden. Die Deckungsbetragrechnung und Budgetierung wurde bereits im Detail dargestellt. Die weitere Analyse ist besonders interessant, wenn man sie künstlerbezogen betrachtet: Fast allen Mitarbeitern der Plattenfirma ist eine Erfolgskontrolle eines einzelnen Künstlers oder Projekts über den dem Lager angeschlossenen Computer möglich. Hier kann man täglich, ja stündlich die Abgänge der bestellten Tonträger abrufen.

Die betriebswirtschaftliche Erfolgskontrolle wird u.a. über die obig erklärte Break-Even-Kalkulation durchgeführt. Diese rein auf die eine Veröffentlichung bezogene Analyse muß um weitere Lizenzeinkünfte ergänzt werden, zum Beispiel wenn die Single auf Compilations gekoppelt wird oder im Ausland veröffentlicht wird. Flop oder Erfolg von Neuveröffentlichungen werden aber am plakativsten über die Charts dargestellt.

Charts, na und?

Der wichtigste Gradmesser über Erfolg oder Mißerfolg bleiben die Media-Control-Charts. Sie sind ein hart umkämpftes Leistungsbarometer, das vielfältige und langfristige Auswirkungen hat, die von Künstlern trotz der großen Freude über einen Entry oft sogar unterschätzt werden:

Ein Chart-Entry hat möglichen Einfluß auf:

• die Lizenzeinnahmen, also den Verdienst des Künstlers, durch vermehrte Tonträgerverkäufe.
• weitere Marketinggelder, die freigemacht werden, um den Verkaufsschub zu verstärken.
• die Argumentation der Plattenfirmen-Promoter gegenüber den Medienpartnern.
• den Einsatz durch die Medien (Vorstellung im Radio, bei VIVA, Chartsshows etc.).
• den Handel (viele Händler ordern automatisch bei Chart-Eintritt Ware nach oder führen nur die Top-50-Singles und sorgen dann für ihre Erstbestückung).
• den Konsumenten, der seine Käufe an den Charts orientiert.
• die „Zweitauswertung" (Single wird auf Sampler gekoppelt, das Album geht zusätzlich in den Mailorder-/Clubvertrieb).
• Veröffentlichungen im Ausland.
• den Backkatalog von morgen (Chartalben verkaufen lange).
• das Image des Künstlers.
• die Verkäufe des „Follow-Up"-Produkts. (Auf einen Hit folgt meist ein weiterer.)
• die Ziehung der vertraglichen Option auf ein Folgeprodukt.
• die interne Motivation der beteiligten Mitarbeiter der Plattenfirma.
Und last, but not least
• die allgemeine Party-Laune!

Die Charts – Schmu oder Wahrheit?

Früher, d.h. bis 1996, wurden die Charts nach den „Tips" der Händler erstellt – also nach deren *geschätzten* Verkäufen. Rund 600 Händler bundesweit erhielten wöchentlich eine Liste, in die sie ihre Verkäufe der Chartstitel notieren mußten. Zusätzlich gab es die Möglichkeit, in Freifelder die neuen Charts-Aspiranten einzutragen. Das waren die von der Tonträgerindustrie heiß umkämpften „Tipfelder", die so manchem Künstler den Sprung in die Charts ermöglichten.

Zu dieser Zeit hatten die kleinen bis mittelgroßen Tonträgerfachhändler noch keine Computersysteme. Damit war es technisch nicht möglich, auf anderem Wege die Verkaufszahlen und damit die Charts zu ermitteln. Mitte 1996 wurde dann flächendeckend ein Computersystem eingeführt und die Charts auf die sogenannten „Phono-Net-Charts" umgestellt.

Phono-Net ist eine Initiative der deutschen Musikindustrie, die anfangs dem Handel nur die Nachbestellung und Kontrolle ihrer Tonträgerbestände erleichtern sollte. Das hierfür entwickelte Computersystem wurde dann dahingehend erweitert, daß es auch für die Charermittlung relevant wurde. Inzwischen kann man repräsentative Marktdaten erheben, denn deutschlandweit sind ca. 700 Händler ans Phono-Net angeschlossen, bei denen alle verkauften Tonträger gemeldet werden. Mit einem Zufallsgenerator werden jede Woche 400 andere Händler ausgewählt, deren Abverkaufszahlen für die Charts zählen. Die großen Ketten (z.B. Karstadt) haben dabei eine festgelegte Gewichtung, mit denen sie auf die Charts einwirken.

Entscheidend sind also die Verkäufe, die in jeweils einer Woche im Handel getätigt werden. Folglich müssen die Marketingaktivitäten dahin zielen, in einem kurzen, mit Aktionen geballten Zeitraum möglichst viele Tonträger zu verkaufen. So kann es in der entscheidenden Woche reichen, 1 000 Stück zu verkaufen, um in die Charts zu kommen, während andere Themen konstant verkaufen, aber an den Top 100 vorbeischlittern.

Grundsätzlich sind die Verkaufszahlen, die zum Charterfolg führen, stark saisonabhängig und schwer zu beurteilen, denn die Plattenfirma kann ja nur die Nachbestellung des Handels, aber nicht deren Abverkäufe direkt beobachten.

Die Phono-Net-Händler erfassen mit einem der Kasse angeschlossenen Scanner den Barcode des verkauften Tonträgers und melden so den echten Abverkauf. Wer meint, er könne durch „Hamsterkauf" bei einem Händler in die Charts kommen, irrt allerdings, denn Extremwerte bei Händlern werden bereinigt. Außerdem weiß man ja nicht, ob eben der Händler zu den 400 in dieser Woche Ausgewählten gehört.

Jede Woche am Dienstag werden die Charts ermittelt und veröffentlicht: Es gibt die Single- und Albumcharts, d.h. die 100 bestverkauften Singles und Alben, zuzüglich einer Warteliste. Die Warteliste (Plätze ab 101) bei Album- und Singlecharts wird erreicht, wenn 10 Prozent der Händler einen Abverkauf des Tonträgers melden.

Bei der Ermittlung der Single-Charts zählen anteilig umgekehrt proportional die Funkeinsätze ab Platz 51 mit. So gilt auf Platz 51 die Berechnungsformel: 99 Prozent

Verkäufe, 1 Prozent Funk; auf Platz 52 gelten: 98 Prozent Verkäufe, 2 Prozent Funk; auf Platz 53: 97 Prozent Verkäufe, 3 Prozent Funk etc.

Für den Bereich der Kopplungen gibt es zusätzlich die Compilationcharts, die wöchentlich die 30 bestverkauften Sampler auflisten.

Folgen der Chartsumstellung

Seit die Charts vom Tip-System auf die Phono-Net-Charts umgestellt wurden, sind Veränderungen zu beobachten. Die Charts sind „ehrlicher" und orientieren sich genau am Abverkauf im Handel. So fällt jetzt auf, daß MOR (Middle of the road) und Schlager-Themen höher als erwartet in den Charts auftauchen, wie z.B. Wolfgang Petry oder Andrea Bocelli. Man sprach in der Branche daraufhin vom „Wolfgang-Petry-Syndrom", denn das zunächst belächelte Phänomen löste eine Kettenreaktion aus: Die Chartpräsenz dieser Künstler beeinflußt natürlich wiederum Konzertveranstalter, Medien, Image des Musikgenres etc., und durch dieses Schneeballsystem verändert sich die ganze Musiklandschaft.

Inzwischen hat man sich daran gewöhnt, daß ein André Rieu sich monatelang in höchsten Chartsplätzen tummelt. In anderen Ländern gab es, nachdem die Charts auf reale Abverkäufe umgestellt wurden, ähnliche Entwicklungen – so boomt seitdem in Australien die Country-Musik.

Abgesehen von repertoireseitigen Überraschungen sind die Charts deutlich schneller geworden, die Flopraten noch höher, hohe Chartentries und große Schwankungen beeinflussen die Chartstabilität.

Neue Marketingwege

Die Umstellung der Charts hat Auswirkungen auf die Marketingpolitik. Manch althergebrachter Mechanismus funktioniert nicht mehr, und die Marketingaktionen müssen dem neuen System angepaßt werden:

So sind Aktivitäten am POS (point of sale) jetzt wichtiger, denn dort kann man gezielt auf die notwendigen Abverkäufe einwirken. Das Timing einer Kampagne wurde auf starke Teasingaktivitäten vor Veröffentlichung des Produkts verlagert. Damit sollen die Konsumenten den Titel kennenlernen, bevor er auf dem Markt ist, und ihn alle auf einen Schlag „am Tag" der Auslieferung kaufen. Nur so kann ein hoher Chartentry sichergestellt werden.

In diesem Zusammenhang gewinnen auch bisher eher vernachlässigte Marketingwege an Bedeutung: Direktmarketing heißt das Zauberwort. In England, wo es ein ähnliches Chartsystem schon länger gibt, sind diese Marketingaktionen schon längst gang und gäbe. Als Voraussetzung für Direktmarketing muß man eine sorgsam gepflegte Datenbank mit musikinteressierten Konsumenten haben. Die Adressen dieser Personen erhält man, indem den Tonträgern sogenannte Marktforschungskarten beigelegt werden; außerdem kann man Gewinnspiele bei Konzerten und über Anzeigen veranstalten. Der „passende" Personenkreis wird vor Veröffentlichung eines Titels darüber informiert, daß die Lieblingsband eine neue Platte am soundsovielten auf den Markt bringt. Dahinter steckt auch hier die Absicht, möglichst viele Verkäufe in der ersten Woche zu erzielen. Man kann sich leicht vorstellen, daß das Sammeln guter Konsumenten-Adressen eine Aufgabe für sich ist.

Spezialcharts als Trendbarometer

Auch wenn die Phono-Net-Charts das A und O sind, gibt es viele weitere Charts, die irgendwie alle ihre Berechtigung haben.

So ermittelt fast jeder Radiosender seine persönlichen Hörercharts, und auch die Musikzeitschriften bereiten ihre Top 10 gerne zielgruppengerecht auf.

Diese Charts haben für die Musikindustrie aber kaum Relevanz, da sie keine verläßlichen Verkaufsentwicklungen prognostizieren. Anders verhält es sich bei den Charts aus Großbritannien und den USA, die noch immer starken Einfluß auf die Entwicklung von internationalen Hits in Deutschland haben. Auch den Medien ist dieser Einfluß bewußt, so daß viele Radiostationen über diese Charts berichten, nicht zuletzt auch VIVA und MTV in ihren Chartshows.

Aber auch die nachstehenden Dance-Charts zeigen, zumindest in ihrem Segment, Trends auf und werden genau beobachtet. Diese werden von den verschiedenen Agenturen auf Grund von DJ-Meldungen ermittelt.

Es ist Media Control noch nicht gelungen, vertrauenserweckende Dancecharts zu ermitteln. Dies ist sicherlich auch ein Problem bei der Vielschichtigkeit der Clubs und Musikrichtungen. Der von Media Control gestartete Versuch, „Kontrollmelder" in den Clubs aufzustellen, die die DJ-Einsätze automatisch an Media Control melden, war allerdings wenig durchdacht und so nicht durchführbar.

Folgende Dancecharts gibt es:

- Black Pool Charts, wöchentlich ermittelt von Powerplay Promotion, Köln
- Deutsche Dance Charts (DDC), wöchentlich ermittelt von Public Propaganda, Hamburg
- Deutsche Alternative Charts (DAC), wöchentlich ermittelt von Public Propaganda, Hamburg
- Deutsche Soul-Charts (DSC), wöchentlich ermittelt von Public Propaganda, Hamburg
- DJ Top 40, wöchentlich ermittelt von Hammer Musik, Stuttgart
- DJ Tip Charts, wöchentlich ermittelt von Plugger Promotion, Berlin
- DMC Charts, wöchentlich ermittelt vom DMC, Grevenbroich
- German DJ Playlist, wöchentlich ermittelt von Pool Position und DJ Promotion, Hamburg

147

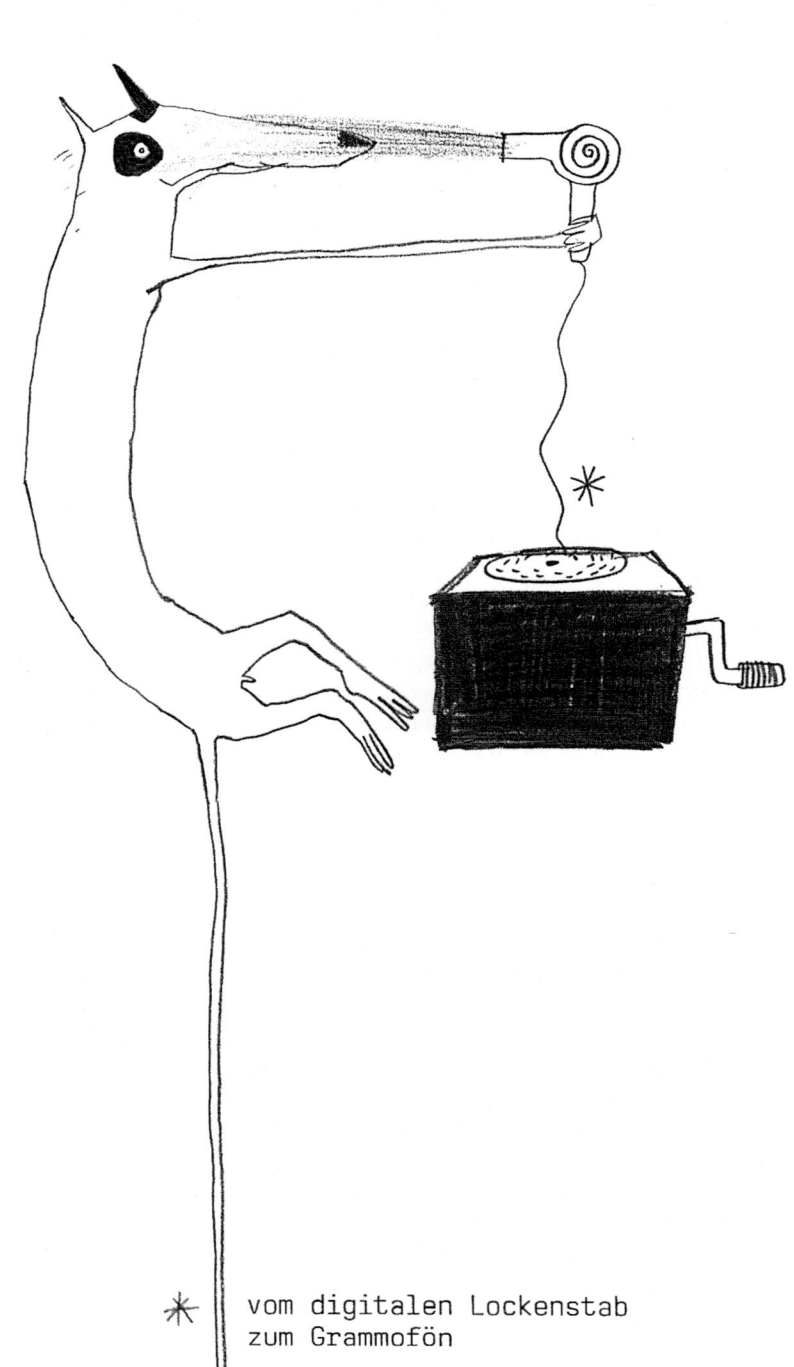

vom digitalen Lockenstab
zum Grammofön

Neue Medien

Die neuen Medien und besonders das gern benutzte Schlagwort „Multimedia" sind in aller Munde, aber es ist nicht zu verkennen, daß die Tonträgerindustrie nach wie vor gewisse Vorbehalte hat und noch wenig Profitmöglichkeiten sieht. Bezeichnend ist wohl, daß bis heute nicht jeder PM einen Internetanschluß hat und sich das Versenden von Informationen, Soundfiles und sonstigen Daten per E-Mail noch nicht durchsetzten konnte. Vielleicht ist sogar symptomatisch, daß der Abschnitt zu den Neuen Medien in diesem Buch fast an letzter Stelle kommt.

Doch die neuen Technologien sind nicht aufzuhalten, und eigentlich sind sie auch nicht neu, sondern nur weiterentwickelt.

Multimedia, der Weg aus der Stagnation?

In den 80er Jahren setzte es sich mehr und mehr durch, daß zum Song auch bewegte Bilder gehören. MTV etablierte den Musikclip. Ein Hit ohne Video – undenkbar.

Inzwischen verlangt der Musikfan von heute nach mehr, multimedial und interaktiv muß es sein. Kein passives Berieseln ist gefragt, sondern die aktive Auswahl der Songs, der Clips und der Hintergrundinformationen. Die medialen Freizeitvergnügungen haben sich geändert, der Umgang mit dem Computer ist für die Kids von heute völlig normal. Das Internet wird zur „Sesamstraße" von morgen. Stagnierende Renditen, Tendenzen der Marktsättigung verlangen ein Umdenken, das langsam einsetzt. Auf der Suche nach neuen Absatzwegen und neuen Käuferschichten kommt man am globalen Netz nicht mehr vorbei.

Das Internet

Kleinstlabels hatten bereits prämierte Internetseiten, bevor die Majors ernsthaft über ihre Internetpräsenz nachdachten. Sicherlich ist die Ursache auch ein strukturelles Problem, denn die „Headoffices", also die Zentralen der Majors, haben beim Internetauftritt ein Wörtchen mitzureden. Schließlich kann man die Seiten der deutschen Tochtergesellschaft weltweit sehen – das Internet ist nun mal per se international. Diese Rangeleien um Kompetenzen und Zuständigkeiten und die wenig innovative Frage nach dem kommerziellen Sinn des Internets bewogen viele Künstler dazu, eigene Homepages unter ihrem eigenen Domain-Namen erstellen zu lassen – so z.B. unter www.groenemeyer.de. Dies passierte in der Vergangenheit nicht selten im Auftrag und auf Kosten der Künstler.

Inzwischen haben zwar alle Majors ihre Beauftragten für die Neuen Medien, aber diese sind um ihren Job nicht zu beneiden. Nach wie vor wird hier gespart und gezaudert, während drumherum von Mediamarkt über MCY Media City (www.mcy.com) bis zum Telekom-Projekt „Audio On Demand" (www.audio-on-demand.de) Mailordersysteme und Möglichkeiten zum Herunterladen von Musik aufgebaut werden.

Die Franzosen sind da schon sehr weit: Unter www.audiosoft.com kann man via Highspeed-Netz Titel downloaden – drei Minuten Musik in zehn Sekunden und das für nur drei bis fünf Mark.

Als Alternative zum Downloaden von Musik per „Music On Demand" bietet sich Direct Mail über das Internet an. Die Marktforscher von Datamonitor und Inteco prognostizieren sogar, daß die deutschen Konsumenten mehr und mehr auf „electronic commerce" umsteigen werden und bis zum Jahr 2010 25 Prozent aller Tonträger über das Netz bestellen werden.

Findige Internet-User bestellen schon jetzt ihre CDs im Netz bei CDWorld oder CDNow und das zu (Mailorder-) Konditionen, die sich lohnen. Die Zahlungsmöglichkeit per Kreditkarte im Internet, in Deutschland immer noch ein Akzeptanz-Problem, wird mehr und mehr vertraut und verbreitet sich. Die Planungen von Banken, virtuelles Geld in den (Internet-)Umlauf zu bringen, schreiten voran und mit solchen Lösungen wird die Bestellung per Online zukünftig ganz andere Dimensionen annehmen und einen neuen Massenmarkt möglich machen.

Mit der Beschleunigung der Datenübertragung wird auch das Downloading von Musik interessanter. Mit MPEG3 ist das Herunterladen von Musik fast in Echtzeit (Spielzeit = Zeit zum Downloaden) möglich. Die Folge ist allen Beteiligten klar: Das Lizenzgeschäft mit Musik nimmt zu Lasten des Tonträgergeschäfts zu.

Empfehlenswerte Seiten im Musikbereich sind die Bandarchive, die mit Suchmaschinen arbeiten. Für internationale Themen sind die Adressen www.ubl.com und www.auction-web.com/amisg sehr sinnvoll. Sie bieten neben Bandporträts auch Infos über Labels, Plattenläden, Radiostationen etc. Auch das amerikanische Musikmarkt-Magazin *Billboard* ist online: www.billboard.com; genauso wie die deutschen Magazine *Musikmarkt* (www.musikmarkt.de) und *Musikwoche* (www.musikwoche.de).

Weitere musikalische Webseiten, die es sich anzuschauen lohnt, sind www.subaudio.net, www.rollingstone.com, iuma.com (Underground), music-net.de etc.

Fast alle Majors haben inzwischen ihre eigene Homepage, von www.emimusic.de über www.sonymusic.de bis www.polygram.com. Diese funktionieren vor allem als Navigationsseiten, um über Hyperlinks zu den Sites der unter Vertrag stehenden Künstler zu kommen. Mehr und mehr wird das Internet auch als Spielwiese für ungewöhnliche Ideen entdeckt. So suchte EMI Music in Holland auf ihrer Site Internet-A&Rs, die die „real A&Rs" unterstützen sollten. Die Firma Muzak stellte ihre eigenen Internet-Charts auf – kleine Gags, die die Surfer zum Wiederkommen bewegen sollen und die Spaß machen.

Rechtsfreiheit?

Die immer noch bestehenden Rechtsprobleme vereinfachen in Managementkreisen nicht gerade die Akzeptanz der neuen Medien. Die Entwicklung der Technologie war einfach schneller, als die Rechtshüter reagieren konnten. So ist und bleibt das Internet ein (fast) rechtsfreier Raum, wo man immer wieder GEMA- und Copyrightverstöße findet.

So sind beispielsweise auf der inoffiziellen Homepage von Udo Lindenberg alle Songtexte abgedruckt und gescannte Fotos ohne Credithinweis zu finden. Jeder Verleger rauft sich die Haare, ist doch der Abdruck von Texten urheberrechtlich geschützt und bedarf zumindest der Genehmigung, wenn nicht gar der Lizenzzahlung. Für den Abdruck von Fotos gilt das gleiche, auch wenn man aus dem Internet die digitalen Daten wunderbar herunterladen kann. Dies ist nur ein Beispiel von vielen – in diesem Fall geduldet und noch beobachtet. Die Kontrolle ist schwierig, die Rechtslage auch; der Schaden ist allerdings oft gering, der Promotioneffekt nicht zu unterschätzen.

Also: Wer auf seiner Homepage fremdes Material (Fotos, MIDI-Files, Texte usw.) verwenden will, muß zunächst eine Genehmigung bei den Lizenzinhabern (Plattenfirma u.ä.) einzuholen; darüber hinaus sind Credits zu vermerken. Gut ist es, einen im Multimediarecht kompetenten Anwalt zu befragen.

Tonträger der Neuen Medien

Das Wort „Tonträger" klingt in diesem Zusammenhang ja schon fast antiquiert, und doch gibt es (noch) die Tonträger der Neuen Medien. Wie lange es noch dauert, bis die Künstler nur noch über verkaufte Lizenzen in die Charts kommen, mag keiner prognostizieren. Wie man dann neue Künstler promotet, wird wohl auch erst die Zukunft zeigen. Aber noch können wir Musik „in den Händen halten". Dieses Physische wird die Tonträgerindustrie auch retten – so klingt es jedenfalls von den Optimisten. Wer will schon zum Geburtstag statt der eingewickelten CD eine Lizenz verschenken?

CD-ROM

Peter Gabriel bereitete mit seiner „Explorer"-CD-ROM früh den Weg. Es folgten weitere mehr oder minder halbherzige Versuche, das Medium CD-ROM im Musikbusineß zu etablieren, aber bei den Versuchen blieb es auch. Eher Prestigegründe und Medienhype ließen die CD-ROMs entstehen, nicht aber die Orientierung am Endkonsumenten. Viele Spielereien wurden geboten, aber nicht das, was der Musikfreak haben will: die Musik. Die CD-ROM hat zudem mit der Schwemme ihres Daseins den Ruf erhalten, im Handel teuer und qualitativ schlecht zu sein.

Fürs Musikbusineß mußte also ein neues Medium her: Philips bastelte zunächst an der CDi, die baden ging, weil niemand sich ein neues Abspielgerät kaufen wollte.

Erste Versuche mit der sogenannten „enhanced" CDs gingen auch daneben: Die digitalen Daten auf Track 1 ließen die Boxen und Verstärker des Otto Normalbürgers explodieren. Die Folge war die Kennzeichnung der CDs mit nicht gerade verkaufsfördernden Warnhinweisen wie z.B. Totenköpfen. Ich höre noch heute meine Kollegen über die Veröffentlichung einer solchen Compilation-CD mit einem Mr.-Bean-Video stöhnen... Aber die Lösung wurde gefunden:

CD Extra

Die CD Extra ist eine ganz normale CD, die man sich risikolos in seinem CD-Spieler anhören kann. Der CD-Spieler kann die angehängten Multimediadaten nicht erkennen, die an *letzter* Stelle der CD plaziert werden. Legt man eben diese CD in das CD-ROM-Laufwerk seines Computers, kann dieser den Multimediatrack lesen, und man bekommt Zusatzinformationen geboten. Innovatives Marketingtool und Spielerei in einem. Insbesondere bei Musik mit hoher Fanbindung, z.B. Teeniebands, ist die CD Extra bestimmt ein zusätzlicher Kaufreiz für die, die eben „alles" über ihre Idole wissen wollen.

Als Marketingdenker sollte man nicht unterschätzen, was sich für Kooperationsmöglichkeiten bieten, um die zusätzliche Belastung durch die Produktionskosten des Multimediatracks zu verringern. So veröffentlichte Uwe Ochsenknecht sein Album „O-Ton" als CD Extra. Im Multimediateil waren neben Zusatzinformationen zum Künstler auch der Vorabtrailer seines kommenden Kinofilms zu sehen. Der Filmverleih finanzierte die Umsetzung der guten Idee.

Technisch läuft es folgendermaßen ab: Audio- und Multimediadaten werden getrennt als Datenträger angeliefert und erst beim Mastering zusammengeführt. Sie müssen nach dem von Philips und Sony entwickelten „Blue-Book-Verfahren" angelegt sein, um den Namen CD Extra führen zu dürfen.

Bereits vor der Zusammenführung der beiden Master muß natürlich eine Abstimmung der Inhalte erfolgen – schon alleine, um die Speicherkapazität der CD nicht zu überschreiten. Jede CD hat etwa 650 MB Speicherkapazität. Eine Minute Musik braucht ca. zehn MB, so daß sich jeder leicht errechnen kann, wieviel Speicherplatz für den Multimediateil übrig bleibt (Beispiel: 50 Minuten Musik sind auf einem Album, bleiben 150 MB für die multimedialen Zusatzinformationen). Gerade bei Single-Veröffentlichungen, die ja ebenfalls 650 MB Speicherkapazität freihaben, bietet sich also viel Platz für weitere Inhalte.

Die CD Extra wird im Handel zum gleichen Preis wie eine reine Audio-CD angeboten und ist über die Kennzeichnung auf der Vorderseite, z.B. „inkl. Multimediatrack", zu erkennen.

Inhalte der CD Extra

Die nachstehenden Inhalte bieten sich für die Integration auf dem Multimediatrack der CD an:

- Videoclip oder „Making Of's" von Videodrehs
- Biografie des Künstlers
- persönliche Statements des Künstlers, z.B. über die einzelnen Titel
- Fotos
- Backkatalog des Künstlers
- Tourneedaten
- Merchandisingmaterial
- Fanclubadressen
- Bildschirmschoner mit dem Logo des Künstlers oder Labels
- Einwahlmöglichkeit auf die Internetseite des Künstlers oder Labels (siehe unten) bei bestehendem Internetanschluß
- Internetseiten als „Dummy" bei nicht bestehendem Internetanschluß
- und, und, und

So stellte beispielsweise Scooter bereits seinen Backkatalog multimedial vor, präsentierte Rosenstolz einen bis dahin unveröffentlichten Live-Videomitschnitt auf CD Extra und promotete Nena ihre kommende Tour per digitalem Anhängsel.

Verknüpfung Offline/Online

Spannend wird es, und hier liegt wohl auch die Zukunft, wenn man Tonträger und Internet verbindet. In diesem Fall bietet der Tonträger, z.B. eine CD Extra, zusätzlich zur Musik Informationen wie oben beschrieben. Darüber hinaus ermöglicht der Multimediateil den direkten Zugang zur Homepage des Künstlers oder des Labels. Das heißt, der Benutzer der CD Extra kann sich auf die Site im Internet einwählen, während er das Multimedia-Anhängsel der CD anguckt. Voraussetzung hierfür ist, daß bereits ein Internet-Account besteht.

So kann der Musikfan alle Hintergrundinformationen von der CD erhalten und sich aktuellste Daten, z.B. Tourneetermine oder aktuelle TV-Termine zusätzlich im Netz angucken. Diese Daten kann er aus dem Internet auf seine Festplatte laden: Die CD wird lebendig und bleibt aktuell.

Über all diese Möglichkeiten mögen wir in zwei bis drei Jahren schon wieder lachen, rast in diesem Sektor die Technik doch nur so. Aber eben das macht die Neuen Medien ja erst spannend.

✳ Badeferdin,
  nach verpatztem
  Live-Auftritt
  die Ente
  promotend

FAZIT NACH DEM BUCH

Als mich der Lektor des Schott-Verlages fragte, ob ich ein Buch über die Musikindustrie schreiben möchte, war ich erst zögerlich, ließ mich aber dann schnell begeistern. Auch wenn mehr Arbeit dahinter steckt als ich zunächst dachte – die Erfahrung, ein Buch zu schreiben, möchte ich nicht missen. Im Alltag der Arbeit in einer Plattenfirma häuft man ganz nebenbei Wissen an, und doch bedarf die Niederschrift einiger Recherche.

Freuen würde es mich, wenn das Buch dem einen oder anderen geholfen hat, gewisse Abläufe besser zu verstehen. Zumindest sollte man die im „Fazit vor dem Buch" geschilderte Meeting-Szene jetzt nachvollziehen können und beim Branchen-Kauderwelsch nicht mehr zusammenzucken.

Es ist ein Buch geworden, das nicht nur informiert, sondern auch Perspektiven und Chancen im Musikbusineß, aus einem ganz speziellen Blickwinkel betrachtet, darstellt. Es ging mir aber auch darum, Vorurteile gegenüber der Industrie abzubauen – die gerade bei Musikern verbreitet sind –, so daß die Tonträgerfirmen nicht, wie in vielen Publikationen, als Verhinderer guter Musik dastehen.

Fasziniert hat mich der schnelle Rollenwechsel, der sich durch das Schreiben ergab: Schließlich bin ich als Autorin plötzlich selbst „Künstlerin" geworden, während ich noch über das Verhältnis des Musikers und Produkt Managers schreibe. Es wurde plötzlich einfacher, sich in die Rolle desjenigen hineinzuversetzen, der vermarktet werden soll, aber nicht gebogen werden will.

Über Feedback, Kritik, Anregungen und Ideen freue ich mich! Schicken Sie mir eine Mail unter:

m.jahnke@sae-entertainment.com

Ich möchte an dieser Stelle denjenigen danken, die maßgeblich an der Entstehung dieses Buches mitgewirkt haben:

Bettina aus Bohlenberge
Regina aus Hartenholm
Steffi aus Eimsbüttel
Thorsten aus Warschau
Frank aus Alsdorf
Kurt aus Grenzach
Harald aus Harheim
und der Nephrit.

MJ

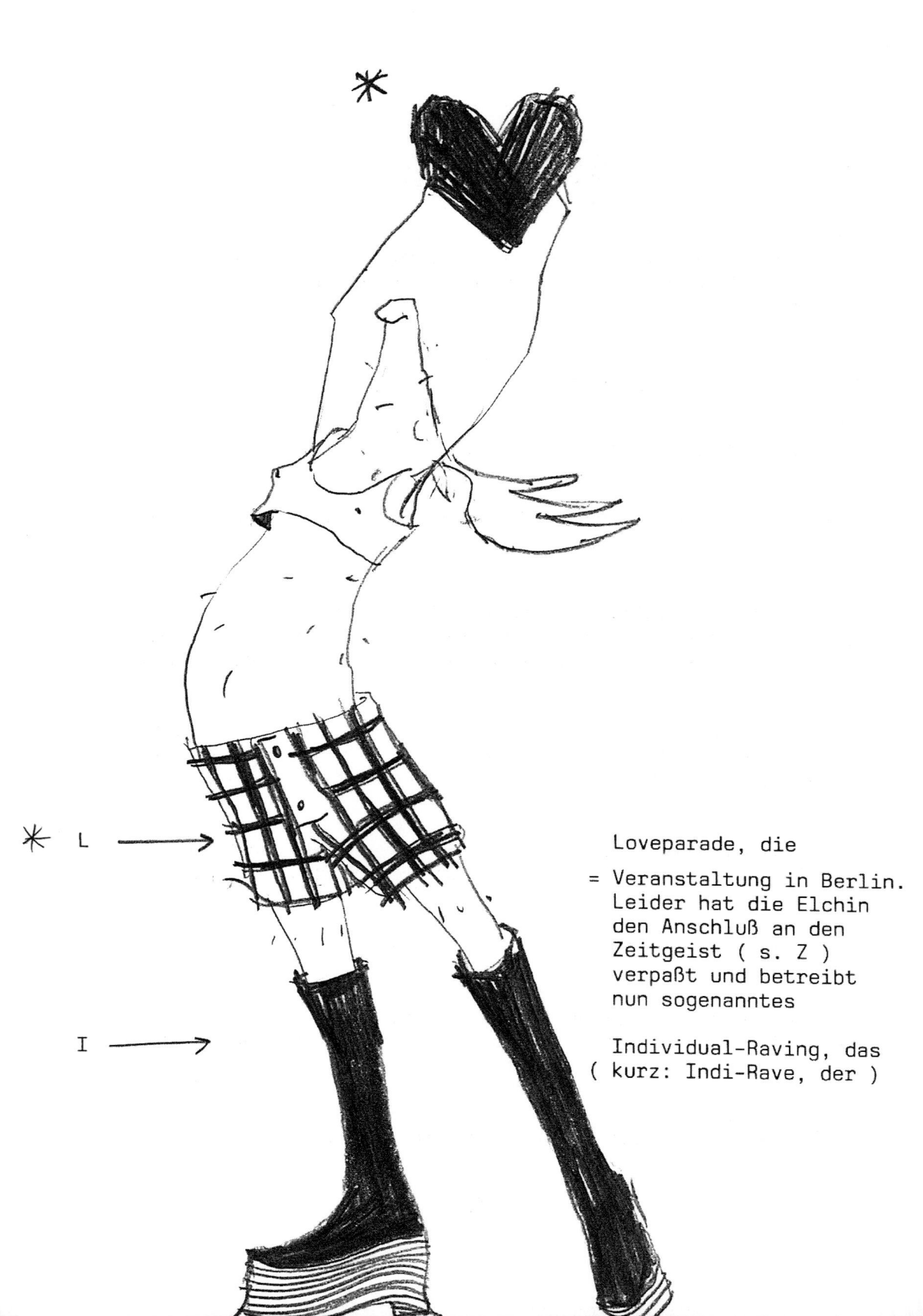

Loveparade, die

= Veranstaltung in Berlin.
Leider hat die Elchin
den Anschluß an den
Zeitgeist (s. Z)
verpaßt und betreibt
nun sogenanntes

Individual-Raving, das
(kurz: Indi-Rave, der)

GLOSSAR

A&R
Abkürzung für „Artist and Repertoire". Die A&R Manager suchen neue Künstler und nehmen sie unter Vertrag. Sie sind also für den Produktfluß „ihrer" Plattenfirma verantwortlich.

Act
Ausdruck für auftretenden Künstler.

Airplay/Airplaypräsenz
Einsätze eines Titels im Radio.

Artist Roster
Übersicht aller bei einer Plattenfirma oder bei einem Verlag unter Vertrag stehenden Künstler.

Audiostudio
Übernimmt die musikalische Produktion eines Titels bis zum fertigen Master (DAT, CD, U-Matic). Arbeitet unabhängig, aber in engem Kontakt zur Tonträgerindustrie. Je nach Vertragsgestaltung bezahlt die Tonträgerfirma ggf. die Aufnahmekosten des Musikers.

Auswertungszeitraum
Vertraglich festgelegter Zeitraum, in dem die Tonträgerfirma exklusiv das Recht an der Veröffentlichung des Repertoires hat. Der Auswertungszeitraum geht über die eigentliche Vertragsdauer hinaus.

Backkatalog
Alle bereits veröffentlichten Alben, die nicht mehr aktuell bearbeitet werden, an dem das Label aber noch Auswertungsrechte hat und die noch erhältlich sind.

Backstage
Räumlichkeiten hinter der Bühne bei Konzerten oder Fernsehshows.

Bandübernahmevertrag
Vertragsart zwischen Tonträgerfirma und Künstler, bei der das fertige Master eingekauft wird. Geringes finanzielles Risiko für die Tonträgerfirma, aber kein musikalischer Einfluß.

Bekanntheitsgrad
Wie bekannt ist der Künstler beim Endkonsumenten? Das beeinflußt Gestaltung und

Mediaplanung, da Bekanntes leichter, schneller und billiger beworben werden kann. Der Bekanntheitsgrad ist meßbar über sogenannte Recall-Tests.

Belief
Glaube an die Fähigkeiten des Künstlers.

Bemusterung
Gratis-Zurverfügungstellung von Tonträgern für die Medien zum Zwecke der Promotion. Dies geschieht meist vor der Veröffentlichung.

Booking
Buchen von Künstlern für Liveauftritte.

Booklet
Heftchen, das den CDs beigelegt wird.

Bootleg
Heimlicher Mitschnitt eines Konzerts, der unerlaubt vervielfältigt wird (Raubkopie).

Bottom-Inlay-Card
Papiereinleger mit Titelangaben auf der Rückseite einer CD.

BPM-Zahl
Angabe der „beats per minute" eines Titels.

Breaken
Erreichen der Charts mit einem Künstler.

Break-Even
Punkt, an dem die Kosten zurückverdient wurden und Gewinne erzielt werden.

Briefing
Präzise Formulierung der Vorgaben (Budget, Ziel, Zeitrahmen) für eine Maßnahme; entscheidend für Erfolg oder Mißerfolg.

Casten/Casting
Aussuchen von auftretenden Künstlern.

CD Extra
Relativ neue Tonträger-Konfiguration, die als Marketingtool genutzt wird. Die CD Extra besteht aus Audio-Tracks, die man „ganz normal" im CD-Spieler anhören kann, und

einem Datentrack, der über das CD-ROM-Laufwerk eines Computers abrufbar ist und weitere Informationen über den Künstler enthält; zum Beispiel den Backkatalog, Merchandising, Biographien etc.

Chartentry
Erreichen der Charts mit einem Titel.

Charts
Bestsellerlisten, die vom Meinungsforschungsinstitut Media Control in Baden-Baden wöchentlich erstellt und jeweils dienstags veröffentlicht werden. Es gibt die Top 100 Single- und Albumcharts und die Top 30 Compilationcharts.

Clip
Kurzform für Musikvideo.

Comeback
Karriereneustart ehemals bekannter Künstler.

Compilation
Zusammenstellung von Titeln verschiedener Künstler auf einer CD.

Copyright
Recht an der Vervielfältigung eines Urheberrechts.

Coverversion
Neue Version eines bereits vorhandenen Titels.

Corporate Identity
Einheitlicher Gesamteindruck zur Steigerung des Wiedererkennungswertes.

Credits
Angaben auf einer CD über Urheber, Studio, Produzenten etc.

DAT
Digital Audio Tape. Kleine Kassette, die digital aufgenommen wurde. Dient häufig als Master.

Database Marketing
Aufgrund der Phononet-Charts wichtiges Marketingtool z.B. für Direct Mails. Basiert auf Datenbanken mit Adressen von Fans, speziellen Zielgruppen, typologisierten Endverbrauchern etc.

Deadline
Letzter Abgabetermin, Stichtag.

Demo
Kurzform für Demonstrationskassette, mit der sich Musiker bewerben.

DJ
Discjockey

Domain-Name
Internet-Adresse

Domestic Repertoire
Eigene, nationale Künstler einer Plattenfirma.

Downloading
Herunterladen von Daten aus dem Internet.

EAN-Code
Europäische Artikelnummer zur Identifizierung von Ware.

Echo
Deutscher Musikpreis. Wird jährlich im März in verschiedenen Kategorien von der deutschen Phonoindustrie an Künstler vergeben.

Edition
Kleiner Unterverlag, der einem größeren Verlag angeschlossen ist.

Einschaltquote
Anzahl der Zuschauer/Zuhörer einer bestimmten TV- oder Radiosendung. Ermittelt durch die GfK über eine repräsentativ ausgewählte Zahl von Haushalten. Die Einschaltquoten sind von wirtschaftlicher Bedeutung, da sie Entscheidungskriterium für Werbekunden darstellen.

E-Musik
Ernste Musik, ugs. Klassische Musik. Im Gegensatz zur U-(Unterhaltungs-)Musik.

EPK
Abkürzung für „Electronic Press Kit". Kurzes Präsentationsvideo über einen Künstler zu Promotionzwecken.

Event
Veranstaltung, z.B. Live-Präsentation eines Künstlers.

Feature
Medien-Präsentation, z.B. Beitrag über einen Künstler.

First-Option-Deal
Vertrag mit einem Künstler, bei dem die Plattenfirma das Erstrecht zur Veröffentlichung hat.

Flop
Titel, der nicht erfolgreich, also nicht gechartet ist.

Footage
Zur Verfügung stehendes Film- oder Tonmaterial zur Erstellung von Werbespots, Video-clips etc.

Fotosession/Fotoshooting
Termin zum Ablichten des Künstlers für Cover-, Pressefotos etc.

FSP
Fertigungs-Standard-Preis. Der Preis, der von der Fabrik für die Produktion der CD berechnet wird und Grundlage für die Break-Even-Kalkulation ist.

Gage
Honorar für Künstlerauftritte.

GAS
In Verträgen übliche Abkürzung für die Vertragsgebiete „Germany, Austria, Switzerland".

GEMA
Gesellschaft für musikalische Aufführungs- und mechanische Vervielfältigungsrechte. Die GEMA kontrolliert und kassiert überall dort, wo Musik gespielt (Diskothek, Radio etc.) oder vervielfältigt wird. Die GEMA verteilt dieses Einkommen nach Einbehaltung einer 8,5prozentigen Gebühr an die GEMA-Mitglieder d.h. die jeweiligen Urheber (Komponisten und Texter) oder Verlage.

GfK
Marktforschungsgemeinschaft für Marketing in Nürnberg, die regelmäßig Verbraucherbefragungen durchführt.

Gig
Live-Auftritt eines Künstlers.

Gimmick
Kleines Geschenk, das als „Dankeschön" oder Einführungshilfe im Bereich Promotion eingesetzt wird.

GVL
Gesellschaft zur Verwertung von Leistungsschutzrechten. Sie schützt, schüttet an die aufführenden Künstler aus (also die Interpreten, auch wenn sie nicht Urheber sind) und vergibt Label-Codes an alle Tonträgerfirmen, über die die Abrechnung der Radio-einsätze erfolgt. Die GVL gibt es nur in Deutschland.

HAP
Abkürzung für „Händlerabgabepreis". Dies ist der Preis, zu dem die Tonträgerfirmen ihre Ware dem Handel anbieten (unabhängig von weiteren Boni, Skonti etc.). Der HAP, oder englisch PPD (published price to dealer), ist Basis für die Berechnung der Künstler-lizenz.

Headoffice
Hauptsitz eines Konzerns.

Heads Of Agreement
Kurzform eines Vertrages, in dem die wichtigsten Eckdaten bereits festgelegt sind.

Hit
Titel, der die Charts erreicht.

Hookline
Eingängiger Refrain.

Hype
Hochpuschen eines Künstlers durch die Medien über seinen eigentlichen Status hin-aus.

ID
Kurze Ansage des Künstlers im Radio oder TV. Wird zu Promotionzwecken erstellt. Beispiel: „Hi, this is Elton John, I am glad you are listening to...".

Independents/Indies
Kleine Labels, die unabhängig von Großkonzernen Musik eigenständig vermarkten.

ISRC
Abkürzung für „International Standard Recording Code". Wird an alle Tonträger sowie Videos vergeben.

Inlaycard
Papiereinleger bei Maxi-CDs.

Intro
Einleitende Takte, meist instrumental, bevor der eigentliche Song beginnt.

Jingles
Kurze Musikstücke, die in Radio und TV als Erkennungsmelodie eingesetzt werden.

Katalog
Gesamte Bandbreite der Veröffentlichungen eines Künstlers oder einer Plattenfirma.

Kick-Back
Inoffizielle Vergütung für die Vermittlung eines Geschäfts.

Konzertveranstalter
Vermarktet Liveauftritte von Künstlern; sehr hohes Risiko. Der Konzertveranstalter arbeitet unabhängig aber in enger Zusammenarbeit mit den Tonträgerfirmen. Da diese Interesse am Liveauftritt ihrer Künstler haben, zahlen sie bei Vorgruppen ggf. die gesamten Kosten, ansonsten Zuschüsse zu den Druckkosten für die Plakate etc.

Kredibil
Glaubhaft, angesehen, integriert, z.B. in eine bestimmte Szene.

Künstlervertrag
Vertragsart, bei der sich der Künstler exklusiv bindet. Aufnahmekosten werden bei dieser Vertragsart von der Plattenfirma getragen.

Label
Kleine Kreativzelle, die wie eine eigene Tonträgerfirma arbeitet, aber einem Vertrieb oder einer großen Tonträgerfirma angeschlossen ist; meist spezielle musikalische Ausrichtung (z.B. das Label „Blue Note" = Jazz). Vorteil: überschaubares Team für die Künstler, Identifikationsmöglichkeit und Bindung des Konsumenten.

Layout
Entwurf, z.B. für die Covergestaltung einer CD.

LC
Abkürzung für „Labelcode". Dieser ist vierstellig, wird von der GVL vergeben, kennzeichnet alle Tonträger und dient der Abrechnung der Sendelizenzen.

Lizenz
Vertraglich festgesetzter Prozentsatz vom HAP, den der Künstler bekommt – beim Album ca. DM 3,-.

Logo
Wiedererkennungsmerkmal

Mailorder
Verkauf durch Versand.

Major
Kurzform für „major company", also Großkonzerne, die internationale Verflechtungen vorweisen. Die sechs Majors sind Polygram, EMI, BMG, Sony, Warner und Universal und machen ungefähr 80 Prozent des Gesamtmarkts aus.

Marketingtool
Instrument zur Vermarktung.

Master
Originalband der abgeschlossenen Produktion.

Maxi-CD
CD mit meist nur einem Titel in verschiedenen Versionen.

Mastering
Technische Nachbearbeitung des Masters vor der Vervielfältigung zur Erhöhung des Klang-Drucks, zur Pegelangleichung usw.

Media-Control
Baden-Badener Marktforschungsinstitut, das unter anderem für die Erstellung der Charts zuständig ist.

Meeting
Besprechung, Konferenz.

Merchandising
Werbeträger des Künstlers, T-Shirts, Poster, Socken etc.

Mixe
Verschieden abgemischte Versionen von Titeln.

MOR
Bezeichnung für Musik, die sich im „Middle Of The Road"-Bereich (Schlager, eingängiger Pop) befindet.

Musikgenres
Verschiedene Musikstile.

Musikverlag
Verwaltet und vermarktet geistiges Eigentum (Komposition, Text) der Urheber, behält 40% der GEMA-Ausschüttung ein; 60% gehen an die Urheber. Als Gegenleistung hilft der Verlag den Urhebern bei der Verwaltung, Vermittlung von Verträgen mit Tonträgerfirmen, Vermarktung der Urheberrechte im Ausland etc.

Newcomer
Noch gänzlich unbekannter Künstler.

Nischenprodukt
Produkt, das ein bestimmtes Käufersegment bedient. Kann in dieser homogenen Gruppe sehr erfolgreich und kommerziell sein (z.B. Rammstein).

Option
Recht der Plattenfirma, zu bestehenden Konditionen den Vertrag mit dem Künstler zu verlängern.

Outlet
Ort, an dem man (Tonträger) einkaufen kann.

Overheads
Kosten, die in einer Firma anfallen, aber nicht direkt einem Projekt zuzuordnen sind (z.B. Miete).

Override
Prozentualer Anteil am Verkauf eines Tonträgers, den der ursprüngliche Rechteinhaber bekommt. Beispiel: In Deutschland wird ein Künstler weltweit unter Vertrag genommen, der auch in Frankreich erfolgreich ist. Die deutsche Firma bekommt von der französischen Firma ein Override für jeden verkauften Tonträger.

Paperwork
Booklet und Bottom-Inlaycard der CD.

Performende Acts
Künstler, die auch auftreten (im TV oder live), im Gegensatz zu Studioprojekten ohne Gesicht.

Phononet
Computergestütztes System des Tonträgerhandels, das genau die Abverkäufe erfaßt. Seit Anfang 1997 sind diese Verkäufe entscheidend für die Ermittlung der Media-Control-Charts.

Playback
Vollplayback: Kompletter Titel wird z.B. im Fernsehen abgespielt, Künstler bewegt nur den Mund. Halbplayback: Live-Gesang, Musik kommt vom Band.

Playlist
Liste von Titeln, die gespielt werden dürfen. Das heißt, alle anderen Titel kommen praktisch nicht zum Einsatz. Die Playlist wird in internen Playlistmeetings in meist wöchentlichem Turnus bei Radiostationen und TV-Musiksendern erstellt.

PM
Kurzform für „Produkt Manager". Ihm sind bestimmte Künstler zugeordnet, die er unter Einsatz des ihm vorgegebenen Budgets bestmöglich vermarkten muß.

Popkomm
Jährlich im August stattfindende Musikmesse in Köln.

POS
Point Of Sale; im Handel.

Produktpaß
Schriftsatz, der alle notwendigen Informationen für eine Tonträgerveröffentlichung zusammenfaßt: von den Hüllenangaben der CD über die Erstauflage der Fertigung bis zum vertraglichen Hintergrund.

Promo-CD
CD, die nicht in den Handel gelangt, sondern nur an Medienpartner gegeben wird. Oft Sammlerobjekt. 1 000 Stück sind GEMA-frei.

Promoter
Medienberater einer Tonträgerfirma, die bei Funk, Fernsehen und Presse dafür kämpfen, daß „ihre" Künstler bestmöglich vertreten sind.

Promotion
Wichtiger Bestandteil zur Vermarktung von Musik. Im Gegensatz zur Werbung ist Promotion gratis, d.h. die Medien unterstützen die Verbreitung von Musik. Sehr personalintensiv.

Rackjobber
wörtlich übersetzt: Regalarbeiter. Selbstbedienungs-Warenhaus mit Regalfläche für Tonträger.

Recoupen
Zurückverdienen, z.B. einen erhaltenen Vorschuß.

Remix
Neubearbeitung eines Titels. Wird oft erstellt, um die Lebensdauer eines Titels, besonders im Dancebereich, zu verlängern. Meist werden die Remix-Produktionskosten hälftig von den Lizenzeinkünften der Künstler abgezogen.

Retrowelle
Wiederkehrende Mode.

Roster
Bandbreite und Auflistung der Künstler eines Labels.

Rotation
Bestimmt, wie oft ein Titel im Radio oder Musikfernsehen über einen bestimmten Zeitraum hinweg gespielt wird.

Sampler/Compilation
Album mit verschiedenen Interpreten; Zusammenstellung der Titel nach einem bestimmten Motto, z.B. Hits des Jahres, Drum&Bass-Collection. Wichtige Lizenzquelle für Künstler und Tonträgerhersteller.

Schedule
Zeitplan für Reisen, Produktionen etc.

Shop-Gig
Live-Auftritt einer Band in einem Geschäft.

Showcase
Auftritt eines Künstlers rein zu Promotionzwecken, um den Künstler den Medienpartnern zu präsentieren.

Signing
Vertragsunterzeichnung

Singleauskopplung
Auswahl des Titels aus einem Album, der voraussichtlich am besten von den Medien

akzeptiert werden wird – vor allem von den Radiosendern. Wichtiges Marketingtool, um Albumverkäufe zu erzielen.

Soundtrack
Ursprünglich Tonspur eines Spielfilms; heute Tonträger mit Filmmusik.

Store Check
Besuche von Geschäften, um Warenpräsenz und Warenpräsentation zu überprüfen.

Storyboard
Beschreibung der Inhalte eines Videoclips.

Support-Abteilungen
Abteilungen, die wie Dienstleister arbeiten und andere Abteilungen unterstützen.

Talentscouts
Personen, die neue Künstler suchen.

Taschenabzug (Hüllenabzug)
Prozentsatz, der die Künstlerlizenz mindert, wodurch der Künstler sich an den Kosten der Covererstellung (Fotosession etc.) beteiligt. Üblicher Vertragsbestandteil.

Teasingaktion
Marketingaktivität, die im Vorfeld auf das kommende Produkt neugierig machen soll.

Timing
Das Zauberwort eines jeden PMs. Entscheidender Faktor für eine erfolgreiche Kampagne, denn nur, wenn alle Aktivitäten geballt auf den Punkt kommen, ist ein hoher Chartentry möglich.

Tonträger-/„Schallplatten"-firma
Stellt Tonträger her und vermarktet sie. Tonträgeranteile 1996 in Deutschland laut Statistik des Bundesverbandes der Phonographischen Wirtschaft:
Album-CD (68%), Maxi-CD (19,5%), Musikkassette (12%), Vinyl-Single/LP (0,5%).

Top Ten
Gängiger Ausdruck für die ersten zehn Plätze der Media Control Charts.

Trays
(Plastik-)Hülle der CD-Verpackung.

Treatment
Kurzbeschreibung, z.B. eines Videoclips; siehe auch „Storyboard".

Try Outs
Produkte, die erst (bei den Medien) getestet werden, bevor große Marketinggelder investiert werden.

U-Musik
Unterhaltungsmusik, im Gegensatz zur E-(ernsten)Musik.

USP
„unique selling profit"; herausragendes Unterscheidungsmerkmal im Vergleich zu Konkurrenzprodukten.

Vertragsdauer
Zeitraum, in dem sich der Künstler exklusiv an die Plattenfirma bindet. Kann in Jahren oder in Produktumfang (z.B. zwei Alben) fixiert sein.

Veröffentlichung/VÖ
Tag, an dem die Ware an den Handel geliefert wird.

Videoclip
Marketingtool zur Präsentation des Künstlers. Bei Bandübernahmeverträgen werden die Produktionskosten des Videos meist mit den Lizenzeinnahmen der Künstler zur Hälfte verrechnet. Das heißt, bei Erfolg einer Veröffentlichung zahlt der Künstler das Video zur Hälfte selbst.

Vinyl
Herstellungsmaterial der Schallplatten.

Vorakquisition
Zeitraum, in dem im Handel bereits Verkaufsgespräche und Konditionsabsprachen über ein Produkt laufen. Der Tonträger wird aber erst zum späteren Veröffentlichungstermin ausgeliefert. Nur üblich bei größeren, wichtigeren Themen.

Weißmuster
Wie die Promo-CD eine Vorabfertigung für die Medien. Ohne Etikettenbedruckung. Meist in Form von Vinyl für die DJs.

WKZ
Werbekostenzuschuß

Zielgruppe
Kreis von Personen, der mit bestimmten Maßnahmen erreicht werden soll; meist identisch mit den potentiellen Käufern.

* Plattensammlung
eines rübennasigen
Vinylkönigs

LITERATURVERZEICHNIS

Nachstehend ist in alphabetischer Reihenfolge weitere Literatur über die Musikbranche aufgelistet, die Auskunft über die verschiedenen Bereiche des Musikbusineß gibt.

Zusätzlich sind Fachzeitschriften und Branchendienste aufgeführt, die es allerdings nicht am Kiosk gibt, sondern beim Verlag zu bestellen sind.

Handbücher

„Das Rock- & Popbusineß", Manfred Hilberger, Bandstand Promotion, Mühlheim

„Die Praxis im Musikbusineß", Robert Lyng, PPV (Presse Project Verlags) GmbH, München

EAN – Die Internationale Artikelnumerierung in Deutschland, Centrale für Coorganisation, Köln

„Handbuch der Musikwirtschaft", Dr. Rolf Moser und Dr. Andreas Scheuermann, Josef Keller GmbH & Co. Verlags-KG, Starnberg

„Live is Life – Booking und Promotion von Konzerten und Tourneen", Elke Fleing, Musikverlag Gerig, Bergisch Gladbach

„Musiker-Recht", Ulrich Andryk, AMA Verlag, Brühl

„Rockmusiker-Jahrbuch" des deutschen Rock- und Popmusikerverbandes (DRMV), Musiker-Press, Lüneburg

„Tonträgermarketing", Michael Conen, DUV (Deutscher Universitäts Verlag) GmbH, Wiesbaden

„Überlebenskunst – Tips und Tricks für Musiker", Jürgen Stark, Zebulon Verlag, Düsseldorf

„Urheber-ABC für Komponisten, Musikbearbeiter, Textdichter", Gustav Kneip, Verlag Hans-Jürgen Böckel, Glinde

„Wie werde ich Popstar", Jürgen Stark, Econ Verlag

Adreßbücher

Der Produktions-Kay, Kay Publishing GmbH, Hamburg
  Adressensammlung mit Schwerpunkt auf den Bereich Film und TV.

Eurofile Music, Industry Directory, Entertainment Media Verlag, München
  Alle europäischen Adressen der Musikindustrie, erscheint jährlich neu.

Hörfunk-Fernseh-Register, Musik-Pressedienst, Bad Segeberg
  Erscheint jährlich neu, 300 Senderadressen in Deutschland, Österreich, Schweiz.

Musikmarkt-Branchenhandbuch, Josef Keller GmbH & Co Verlags-KG, Starnberg
  Erscheint jährlich mit aktuellen Adressen aller Tonträgerfirmen und -labels, Musikverlagen, Konzertveranstaltern, Aufnahmestudios, Preßwerken usw. in Deutschland, Österreich und der Schweiz. Inklusive alphabetischer Listung aller Interpreten und ihrer dazugehörigen Labels.

„PopKomm.-Katalog", MusikKomm GmbH, Köln
  Adreßbuch der Besucher und Aussteller der alljährlichen PopKomm.

Zeitschriften

Billboard, The International News Weekly of Music, Video & Home Entertainment, Howard Lauder, New York
  Das Magazin über den internationalen Musikmarkt; erscheint wöchentlich.

Der Musikmarkt, Josef Keller GmbH & Co Verlags-KG, Starnberg
  Erscheint wöchentlich, allerdings alle 14 Tage „nur" eine reduzierte Infoausgabe.

Die Musikwoche, Entertainment Media Verlag, München
  Erscheint wöchentlich.

Phono Press, Wirtschaftsberichte des Bundesverbands der Phonographischen Wirtschaft e.V. (Hrsg.), Hamburg

Promo, Miller Freeman Entertainment Ltd., London
  Alles über Musikvideos; erscheint monatlich.

Branchendienste

„m" Hit-Service, Musik-Pressedienst, Bad Segeberg
  Übersicht über die Playlisten der Radiostationen; erscheint wöchentlich.
Musik-Dienst, Musik-Pressedienst, Bad Segeberg
  Klatsch und Tratsch aus der Musikbranche; erscheint wöchentlich.

Show, Show Organisation Dieter Liffers GmbH, Lohmar
  Musik-Mediendienst; erscheint 48 mal im Jahr.

Songs Wanted, Ellie Weinert, München
  Vermittlungsbörse zwischen Songschreibern und Plattenfirmen, inkl. Studioberichte und Produzentenporträts; erscheint monatlich.

Text Intern, Text Verlag GmbH, Hamburg
  Informationsdienst für Medien, Werbung, Marketing, PR; erscheint zweimal wöchentlich.